Gabriela Farah de Günther

Spanisch Übungsbuch Grammatik A1–A2

SEHEN – VERSTEHEN – ANWENDEN

Hueber Verlag

Die Online-Übungen finden Sie unter:
https://go.hueber.de/uebungsbuch-grammatik-spanisch

4. 3. 2. | Die letzten Ziffern
2028 27 26 25 24 | bezeichnen Zahl und Jahr des Druckes.
Alle Drucke dieser Auflage können, da unverändert, nebeneinander benutzt werden.
1. Auflage

Umschlaggestaltung: Sieveking Agentur, München
Layout und Satz: Sieveking Agentur, München
Verlagsredaktion: Helga Aichele, Hueber Verlag, München
Druck und Bindung: Friedrich Pustet GmbH & Co. KG, Regensburg
Printed in Germany
ISBN 978-3-19-347910-5

Art. 530_25076_001_02

Vorwort

Das **Übungsbuch Grammatik A1–A2** richtet sich an alle Spanischlernenden ab Niveaustufe A1, die ihre Grammatikkenntnisse systematisch und aktiv festigen oder auffrischen möchten.

Das Buch bietet ein klar strukturiertes, intensives Lern- und Übungsprogramm, mit dem Sie alle wichtigen Grammatikinhalte des Spanischen nach dem Prinzip **Sehen – Verstehen – Anwenden** selbst entdecken und gezielt trainieren können.

Jedes Kapitel ist nach diesem Prinzip übersichtlich aufgebaut:

- **START** In einer kurzen, hinführenden Übung entdecken Sie das jeweilige Thema.
- **SEHEN** Sie ordnen die Übungsinhalte zu und erhalten so einen Überblick über wichtige Formen und Anwendungsbeispiele.
- **VERSTEHEN** Anhand der Beispiele erarbeiten Sie die konkreten, grundlegenden Grammatikregeln.
- **ANWENDEN** Sie trainieren ausführlich und abwechslungsreich das Gelernte in kontextbezogenen Übungen. So lernen Sie nebenher nützlichen Wortschatz für wichtige Alltags- und Kommunikationssituationen.
- Schwierige Wörter werden am Ende jedes Kapitels erklärt. Bei Verben ist die Änderung des Stammvokals angegeben.
- Infoboxen weisen auf häufige Fehlerquellen ! und Unterschiede zum Deutschen ▶◀ hin.

Je nach Bedarf ist es möglich, gewünschte Kapitel oder zusammenhängende Themen auszuwählen, oder das ganze Buch systematisch durchzuarbeiten. Themen auf Niveau A2 sind durch einen Stern ★ neben der Kapitelüberschrift gekennzeichnet.

Im Anhang finden Sie einen Lösungsschlüssel, eine Tabelle mit den wichtigsten unregelmäßigen Verben und ein Stichwortregister.

Die Online-Übungen finden Sie unter:
https://go.hueber.de/uebungsbuch-grammatik-spanisch

Inhalt

Vorwort 3

Substantive 7

1 Geschlecht des Substantivs . . . 7
2 Die Pluralbildung . . . 9
3 Besonderheiten bei Geschlecht und Pluralbildung . . . 12

Artikel 15

4 Bestimmter Artikel . . . 15
5 Unbestimmter Artikel . . . 17
6 Gebrauch der Artikel . . . 20

Adjektive 23

7 Formen und Angleichung . . . 23
8 Nationalitätsadjektive . . . 25
9 ★ Steigerung und Vergleich . . . 28
10 ★ Vergleiche bei Gleichheit . . . 31

Adverbien 34

11 ★ Adverbien auf *-mente* . . . 34
12 ★ *también* und *tampoco* . . . 36
13 *muy* und *mucho* . . . 40

Possessivbegleiter und -pronomen 43

14 Unbetonte Possessivbegleiter . . . 43
15 ★ Betonte Possessivbegleiter und -pronomen . . . 46

Demonstrativbegleiter und -pronomen 49

16 Demonstrativbegleiter und -pronomen . . . 49

Indefinita 53

17 *poco, mucho, todo, cada (uno)* ... 53
18 ★ *alguno, ninguno, alguien, algo, nadie, nada* ... 56

Pronomen 60

19 Subjektpronomen ... 60
20 Direkte Objektpronomen ... 62
21 ★ Indirekte Objektpronomen ... 65
22 ★ Kombination direkter und indirekter Objektpronomen ... 70

Fragewörter 74

23 Unveränderliche Fragewörter ... 74
24 Veränderliche Fragewörter ... 77

Verben: Gegenwart 81

25 Die regelmäßigen Verben auf *-ar*, *-er* und *-ir* ... 81
26 Verben mit Änderungen im Stammvokal ... 84
27 Verben mit unregelmäßiger 1. Person (und Vokalwechsel) ... 87
28 Weitere wichtige unregelmäßige Verben ... 91
29 ★ Die Verwendung von *ser*, *estar* und *hay* ... 94
30 Reflexive Verben ... 98
31 Modalverben ... 101
32 Unpersönliche Verbkonstruktionen ... 105

Verben: Vergangenheit 108

33 *Pretérito perfecto* ... 108
34 *Pretérito indefinido* ... 112
35 ★ *Pretérito imperfecto* ... 116
36 ★ Gegenüberstellung der Vergangenheitszeiten ... 119

Verben: weitere Zeiten und Modi 124

37 Die nahe Zukunft mit *ir a* + Infinitiv . . . 124
38 ★ Das *futuro simple* . . . 126
39 ★ Der Imperativ . . . 130
40 ★ Der Imperativ mit Pronomen . . . 135

Verbale Konstruktionen 138

41 ★ Verb + *gerundio* . . . 138
42 ★ Verb + Infinitiv . . . 141
43 ★ *estar* + Partizip . . . 144

Präpositionen 147

44 Ortsangaben . . . 147
45 Zeitangaben . . . 150
46 Art & Weise und weitere Verwendungen . . . 154
47 ★ *por* und *para* . . . 157

Satzbau 162

48 Verneinung . . . 162
49 Bindewörter . . . 166
50 Relativsätze mit *que* und *donde* . . . 170
51 Objektangabe . . . 173

Verbtabellen . . . **177**
Lösungen . . . **183**
Register . . . **198**

Verwendete Abkürzungen

LA	Lateinamerika	Ud.	Sie (Singular)
m	männlich	Uds.	Sie (Plural)
pl	Plural	*w*	weiblich

1 Geschlecht des Substantivs

Spanische Substantive sind entweder männlich (maskulin) oder weiblich (feminin). Es gibt kein sächliches Geschlecht (Neutrum). Das Geschlecht eines Substantivs lässt sich häufig an der Endung erkennen: *amig**a***, *amig**o***, *cas**a***, *libr**o***. Es empfiehlt sich, Substantive zusammen mit ihrem bestimmten Artikel *el (♂)*, bzw. *la (♀)* zu lernen (siehe auch Kapitel 4).

START

Was gefällt Daniel in Spanien? Unterstreichen Sie mit einem roten Stift die weiblichen Substantive und mit einem blauen Stift die männlichen Substantive.

el flamenco la paella el color la sangría el paisaje la pasión la emoción el trabajo la diversidad la casa el libro el señor

SEHEN

Tragen Sie die Wörter nun je nach Endung in die Tabelle ein.

männlich		weiblich	
Endung auf -o	**Endung auf -or, -aje**	**Endung auf -a**	**Endung auf -dad, -ción, -sión**
el flamenco	______	______	______
______	______	______	______
______	______	______	______

VERSTEHEN

Ergänzen Sie jetzt die Regeln und wählen Sie die richtige Option.

- Substantive mit der Endung ______ sind meistens männlich.
- Substantive mit der Endung ______ sind meistens weiblich.
- Substantive, die auf *-or* und *-aje* enden, sind meist ☐ weiblich. ☐ männlich.
- Substantive, die auf *-dad*, *-ción* und *-sión* enden, sind immer ☐ weiblich. ☐ männlich.

! Es gibt einzelne Ausnahmen:
Endung *-a*, aber männlich: *el día, el sofá, el mapa*
Endung *-o*, aber weiblich: *la moto, la foto, la mano, la radio*
Substantive, die auf *-e* oder Konsonant enden, können männlich oder weiblich sein: *el restaurante, la calle, el país, la luz*

ANWENDEN

1. Schreiben Sie zu jedem Substantiv das Geschlecht: männlich (m) oder weiblich (w).

a. cultura ____
b. teatro ____
c. orquesta ____
d. museo ____
e. viaje ____
f. familia ____
g. educación ____
h. concierto ____
i. televisión ____
j. música ____
k. tenedor ____
l. ciudad ____

Das Geschlecht von Substantiven im Spanischen entspricht nicht immer dem des entsprechenden deutschen Substantivs: *el sol* (die Sonne), *la luna* (der Mond), *el reloj* (die Uhr), *el bar* (die Bar).

2. Verbinden Sie die Berufsbezeichnungen.

1. fotógrafo → c.
2. profesor
3. taxista
4. médico
5. estudiante

a. médica
b. taxista
c. fotógrafa
d. estudiante
e. profesora

3. Welcher Beruf passt? Kreuzen Sie die richtige Option an.

a. Daniel es ☐ recepcionista / ☐ mecánica.
b. Isabel es ☐ ministro / ☐ traductora.
c. Mariana es ☐ cantante / ☐ ingeniero.
d. Lidia es ☐ arquitecta / ☐ escritor.
e. Rafael es ☐ vendedora / ☐ informático.

! Berufsbezeichnungen, bei denen die männliche Form auf *-o* oder Konsonant endet, erhalten für die weibliche Form ein *-a*. Berufsbezeichnungen, die auf *-nte* oder *-ista* enden, bleiben in der Regel unverändert: *el/la cantante*

4. Was isst Daniel in Spanien? Finden Sie die acht versteckten Substantive und ordnen Sie sie richtig ein.

T	P	E	S	C	A	D	O
O	R	C	A	F	É	P	Q
S	X	E	L	V	B	O	P
T	O	R	T	I	L	L	A
A	Z	V	P	N	Y	L	U
D	L	E	T	O	K	O	L
A	F	Z	F	A	Ó	E	M
I	P	A	E	L	L	A	Á

männlich ♂	**weiblich ♀**
______	______
______	______
______	______
______	______

la emoción	Gefühl	el paisaje	Landschaft
el color	Farbe	el tenedor	Gabel
la economía	Wirtschaft	el/la cantante	Sänger/in
la diversidad	Vielfalt	la traductora	Übersetzerin

2 Die Pluralbildung

Im Spanischen können Substantive genau wie im Deutschen auch in der Mehrzahl (Plural) stehen:

las playas die Strände *los hoteles* die Hotels

START

Lesen Sie, was die Schauspielerin Clara Lago über Madrid sagt, und unterstreichen Sie die acht Pluralformen.

La actriz Clara Lago habla de Madrid: Yo vivo en Madrid porque es una ciudad con muchas posibilidades: museos, teatros, plazas, jardines, y claro, una vida nocturna fantástica con bares, restaurantes y discotecas.
¡Me encanta Madrid!

2 Die Pluralbildung

SEHEN

Sehen Sie sich jetzt die Wörter noch einmal an und ergänzen Sie die Tabelle.

Singular	Plural
______________	plazas
museo	______________
restaurante	______________
______________	actrices
bar	______________

VERSTEHEN

Ergänzen Sie nun die folgenden Regeln und die Pluralformen.

- Substantive, die im Singular auf __________ enden, bilden den Plural mit -s: *discoteca → discoteca__*
- Substantive, die auf __________ enden, bilden den Plural mit -es: *posibilidad → posibilidad____*
- Substantive, die auf ________ enden, bilden den Plural mit -ces: *actriz → actri_____*

ANWENDEN

1. **Areli plant im Reisebüro ihre Reise nach Madrid. Ergänzen Sie die Pluralendungen.**

Para Madrid necesitamos tres habitacion_____, para ocho persona______, durante cinco noche______. También vamos a hacer dos excursion______, a Toledo y al Escorial, y queremos alquilar dos coche______. También queremos comprar entrada______ para un musical en el teatro Lope de Vega, y hacer las reserva______ para ir a cenar a dos restaurantes de moda: Dos cielo______ y Amazónica.

! Substantive, die auf Konsonant enden und einen Akzent auf der letzten Silbe haben, verlieren den Akzent im Plural: *jardín → jardines*

2. Die Top 10 in Madrid. Schreiben Sie die fett gedruckten Wörter im Plural.

Los mejores 10 sitios de interés en Madrid

a. **Palacio** Real ______________________

b. **Fuente** de Neptuno ______________________

c. **Puerta** del Sol ______________________

d. **Templo** de Debod ______________________

e. **Mercadillo** El Rastro ______________________

f. **Calle** de Alcalá ______________________

g. **Estación** de Atocha ______________________

h. **Estadio** de Santiago Bernabéu ______________________

i. **Catedral** de la Almudena ______________________

j. **Barrio** de la Latina ______________________

3. **Check-in im Hotel. Welche Informationen müssen Sie angeben? Bilden Sie sechs Substantive aus den Wortfragmenten und setzen Sie sie in den Plural.**

ción dad fono nacio sión ~~bre~~ ape direc telé fe ~~nom~~ pro llido nali

Singular	Plural	Singular	Plural
nombre	nombres		

la actriz	Schauspielerin	el mercadillo	Flohmarkt
la posibilidad	Möglichkeit	la excursión	Ausflug
el jardín	Garten	alquilar	mieten
la vida nocturna	Nachtleben	la entrada	Eintrittskarte

3 Besonderheiten bei Geschlecht und Pluralbildung

Lernen Sie die wichtigsten Besonderheiten bei Mehrzahl und Geschlecht der Substantive kennen.

START

Achten Sie in Arelis Eindrücken in Madrid auf die markierten Substantive.

Todas las *vacaciones* son fantásticas, pero estas *vacaciones* en Madrid... ¡fenomenales!

El viaje con *mis primos*, Claudia y Sebastián.

Los *camareros* del bar, Julio y Rosa, muy simpáticos 😃

¡*Mi cumpleaños* en Madrid! El mejor de todos *mis cumpleaños*.

SEHEN

Ergänzen Sie die spanische Übersetzung aus dem Text.

die Urlaube	las	______
der Kellner und die Kellnerinnen	los	______
mein Cousin und meine Cousine	mis	______
mein Geburtstag / meine Geburtstage	mi / mis	______

VERSTEHEN

Ergänzen Sie die Regeln mit den Beispielen aus START.

- Einige Substantive werden grundsätzlich nur im Plural verwendet, z. B. *las* ______
- Im Spanischen benutzt man für gemischte Gruppen (Männer und Frauen) den männlichen Plural, z. B. ______
- Bei Familienbezeichnungen wie z. B. „Eltern", ist die männliche Pluralform zugleich der Sammelbegriff, z. B. ______
- Mehrsilbige Substantive, die nach unbetontem Vokal auf -s enden, bleiben im Plural unverändert, z. B. ______

Im Spanischen wird *gente* grundsätzlich nur im Singular verwendet!
***La gente** en Madrid **es** muy simpática.* **Die Leute** in Madrid **sind** sehr sympathisch.

ANWENDEN

1. **Ordnen Sie die Wörter richtig zu.**

sistema alrededores hermana tijeras gafas gente idiomas tema

el	la	los	las
______	______	______	______
______	______	______	______

! Viele Substantive, die auf *-ma* enden, sind maskulin, z. B. *el problema*, *el clima*.

! Oftmals ändert sich bei der Pluralbildung die Betonung (und Aussprache) des Wortes. Die Akzente werden in diesen Fällen ebenfalls angepasst:
el joven → los jóvenes

2. Es gibt so viel zu bereden. Wie lauten die Pluralformen?

Areli habla con sus primos sobre...

a. el escritor y la escritora

____

b. la crisis

____

c. el joven y la joven

____

d. el lunes

____

e. el italiano y la italiana

____

f. el padre y la madre

____

g. el taxista y la taxista

____

3. Letzte Eindrücke aus Madrid. Kreuzen Sie die richtige Option an.

a. El hotel es muy bonito, está en las □ afuera / □ afueras de Madrid.
b. □ El programa / □ La programa del museo es muy interesante.
c. Los □ colombianas / □ colombianos del hotel son muy simpáticos.
d. Manuela y Roberto son □ vendedoras / □ vendedores en El Corte Inglés.
e. ¡Día de lluvia en Madrid! ¿Dónde está □ los / □ el paraguas?

las tijeras *pl*	Schere	el paraguas	Regenschirm
los alrededores *pl*	Umgebung	el joven	Jugendlicher
las afueras *pl*	Vorort, Stadtrand		

4 Bestimmter Artikel

Artikel geben das Geschlecht (männlich oder weiblich) und die Zahl von Substantiven an (siehe Kapitel 1). Die bestimmten Artikel beziehen sich wie „der/die/das" im Deutschen auf bestimmte, spezifische Personen oder Objekte.

***el** pueblo* **das** Dorf

START

Unterstreichen Sie in den Chat-Nachrichten die bestimmten Artikel.

Me gustan los mercados de México. Mi mercado favorito es el mercado de San Juan.

Las playas de México son muy bonitas, mi favorita es la playa de Ixtapa.

SEHEN

Tragen Sie die unterstrichenen Artikel jetzt in die Tabelle ein.

	männlich	weiblich
Singular		
Plural		

VERSTEHEN

Wie lautet die Regel? Wählen Sie die richtige Alternative und ergänzen Sie.

- Die bestimmten Artikel stimmen ☐ in Zahl ☐ in Geschlecht ☐ in Geschlecht und Zahl mit den Substantiven überein. Es gibt also ______ Formen.

Bestimmter Artikel

⋈ Neben den bestimmten Artikeln *el* und *la* gibt es noch den neutralen Artikel *lo*, der bei substantivierten Adjektiven eingesetzt wird. *Lo* ist unveränderlich und immer Singular, das nachfolgende Adjektiv wird immer in der maskulinen Form benutzt.
***Lo bueno** es que los taxis son muy baratos.*
Das Gute ist, dass die Taxis sehr günstig sind.

! Weibliche Substantive, die mit einem betonten *-a* oder *-ha* anfangen, erhalten im Singular zur Erleichterung der Aussprache die männlichen Artikel *el* oder *un* (unbestimmt). Im Plural folgen sie aber der Regel und stehen mit den weiblichen Artikeln: *el agua mineral / las aguas minerales*

ANWENDEN

1. **Ordnen Sie folgende Wörter nach ihrem Artikel.**

biblioteca restaurante cervezas avenidas monumentos hotel aeropuertos farmacia iglesia concierto discotecas parques

el	la	los	las
______	______	______	______
______	______	______	______
______	______	______	______

! Die Präpositionen *a* und *de* verschmelzen mit dem Artikel *el* zu *al* und *del*.
a + el → al: Vamos al teatro. *de + el → del: Venimos del museo.*

2. **Ein Reiseprospekt. Kreuzen Sie die richtige Option an.**

¿Qué hacer en Ciudad de México? ¡Muchas cosas! Visitar ☐ el / ☐ los Castillo de Chapultepec, ☐ el / ☐ la teatro de Bellas Artes, ir a ☐ los / ☐ las bares ☐ del / ☐ de la Zona Rosa o ☐ al / ☐ a los diferentes barrios ☐ del / ☐ de la ciudad como Coyoacán, donde está ☐ el / ☐ la casa de Frida Kahlo. Y claro, ☐ los / ☐ las excursiones a Teotihuacán y a Xochimilco.

3. Reisetagebuch. Ergänzen Sie die Sätze mit den Artikeln.

Hoy estamos en San Miguel de Allende, un lugar muy bonito. ____ plaza ____ (de) pueblo es muy bonita con ____ catedral, ____ Museo Casa Allende y ____ edificios antiguos. También me gustan mucho ____ tiendas de artesanías. ____ gente aquí es muy amable. Mañana visitamos ____ aguas termales La Gruta y después vamos ____ (a) restaurante Tío Lucas.

el barrio	Viertel	la excursión	Ausflug
el edificio antiguo	altes Gebäude	la tienda	Laden
la artesanía	Handwerkskunst	las aguas termales *pl*	Thermalquellen

5 Unbestimmter Artikel

Wir verwenden unbestimmte Artikel, wenn wir uns auf etwas Unbekanntes oder nicht näher Bestimmtes beziehen: ***un*** *plato*, ***una*** *tapa*
Im Spanischen gibt es auch eine Pluralform des unbestimmten Artikels: ***unos*** *platos*, ***unas*** *tapas*

START

Lesen Sie das Rezept für die mexikanische Vorspeise Guacamole und unterstreichen Sie die Zutaten mit ihrem unbestimmten Artikel.

¡Hacer guacamole es muy fácil!
Primero, los ingredientes. Solo necesitas unos aguacates maduros (2 o 3), un tomate, una cebolla, un limón, sal, unos chiles (¡no muy picantes!) y para acompañar, unas tostaditas de maíz. Para la preparación...

5 Unbestimmter Artikel

SEHEN

Tragen Sie jetzt die unbestimmten Artikel in die Tabelle ein.

	männlich	weiblich
Singular		
Plural		

VERSTEHEN

Ergänzen Sie nun die Regel mit den fehlenden Wörtern und wählen Sie die richtige Option.

- Unbestimmte Artikel stimmen in ________________ und ________________ mit den Substantiven überein:

  ☐ *un* ☐ *unos tomate*, ☐ *un* ☐ *unos aguacates*

  ☐ *un* ☐ *una cebolla*, ☐ *una* ☐ *unas tostaditas*

Die Pluralformen *unos/unas* bedeuten „ein paar", „einige" und vor Zahlen haben sie die Bedeutung „ungefähr".

*Quería **unas** zanahorias, por favor.*	Ich möchte bitte **ein paar** Karotten.
*Necesito **unos** cinco kilos de patatas.*	Ich brauche **etwa** fünf Kilo Kartoffeln.

ANWENDEN

1. Essen und trinken. Ergänzen Sie die passenden unbestimmten Artikel.

a. _______ bebida	e. _______ limones	i. _______ gambas
b. _______ copas	f. _______ zanahoria	j. _______ manzanas
c. _______ servilletas	g. _______ naranja	k. _______ zumo
d. _______ vaso	h. _______ patatas	l. _______ pescado

! Erinnern Sie sich? Weibliche Substantive, die mit betontem *-a* oder *-ha* anfangen, stehen im Singular mit männlichem Artikel, im Plural mit weiblichem: ***un** ave* → ***unas** aves*

2. **Wie waren die Vorbereitungen für die Party? Ergänzen Sie die unbestimmten Artikel.**

a. ● ¿Cuántos invitados vienen a la fiesta?
■ _______ 20... más o menos...

b. ● ¡Necesito _______ aceitunas para la ensalada!
■ Aquí tenemos _______ lata de aceitunas.

c. ● ¿Qué haces?
■ Guacamole, _______ especialidad mexicana.

d. ● ¿Tenemos todo para el gazpacho?
■ No, necesito _______ pepino.

e. ● ¿Qué vamos a hacer de postre?
■ _______ crema catalana.

3. **Was trinken die Gäste? Übersetzen Sie Artikel und Substantiv in der Klammer.**

a. Pablo quiere beber _______________________________ (einen Rotwein).
b. Mariana y Marcela toman _______________________________ (ein paar Biere).
c. Lucía solo quiere _______________________________ (ein Mineralwasser).
d. Carlos quiere algo caliente, quiere _______________________________ (einen Milchkaffee).
e. Javi toma _______________________________ (eine Sangria).
f. Elvira y Esteban quieren _______________________________ (ein paar Cocktails).

el guacamole	Avocado-Dip	la copa	Weinglass
el aguacate	Avocado	la zanahoria	Karotte
maduro	reif	el invitado	Gast
picante	scharf	la aceituna	Olive
las tostaditas de maíz *pl*	Mais-Chips	la lata	Dose

6 Gebrauch der Artikel

Im Gebrauch der Artikel gibt es einige Unterschiede zwischen Spanisch und Deutsch. In einigen Fällen wird im Spanischen der bestimmte oder unbestimmte Artikel verwendet, wo im Deutschen kein Artikel benutzt wird, oder umgekehrt.

***El** lunes tengo clase de español.*	Am Montag habe ich Spanischunterricht.
¿Tenéis coche?	Habt ihr **ein** Auto?

START

Unterstreichen Sie in den Minidialogen die bestimmten und unbestimmten Artikel.

- ¿Qué desea, señor Muñoz?
- Quería medio kilo de patatas.

- ¿Quiere otra cerveza?
- Sí, gracias.

- La señora Gómez es la chef de cocina.
- Mucho gusto, señora Gómez.

- Jordi es muy amable. ¿Tiene novia?
- Sí, tiene una novia alemana.

SEHEN

Lesen Sie die Übersetzung. Wie werden die fett gedruckten Wörter im Spanischen übersetzt? Vervollständigen Sie, falls erforderlich.

Was möchten Sie, **Herr Muñoz**?	¿Qué desea, ________ señor Muñoz?
Möchten Sie **noch ein** Bier?	¿Quiere ________ cerveza?
Ich möchte **ein halbes Kilo** Kartoffeln.	Quería ________ medio kilo de patatas.
Frau Gómez ist die Küchenchefin.	______ señora Gómez es la chef de cocina.
Sehr angenehm, **Frau Gómez.**	Mucho gusto, ________ señora Gómez.
Hat er **eine Freundin?**	¿Tiene ________ novia?
Er hat **eine deutsche Freundin.**	Tiene ________ novia alemana.

VERSTEHEN

Vervollständigen Sie nun die folgenden Regeln.

- Vor *medio* (ein halb) und *otro* (ein anderer/noch ein) steht
  ☐ der bestimmte Artikel. ☐ der unbestimmte Artikel. ☐ kein Artikel.
- Vor *señor*, *señora* und *señorita* plus Eigennamen steht
  ☐ der bestimmte Artikel, ☐ der unbestimmte Artikel, ☐ kein Artikel,
  wenn man über die Person spricht.
- Spricht man eine Person direkt an, fällt der Artikel weg:
  ¿Qué desea, señor Muñoz?
- Gibt *tener* allgemein an, was man (nicht) hat, so steht ☐ der unbestimmte Artikel. ☐ kein Artikel. Wird aber ein Substantiv genauer bestimmt, benutzt man Artikel: *Sí, tiene* ______ *novia* ***alemana.***

Bei Zeitangaben und bei der Uhrzeit wird im Spanischen der bestimmte Artikel verwendet.

***El** próximo año vamos a España.*	Nächstes Jahr gehen wir nach Spanien.
*Son **las** dos de la tarde.*	Es ist zwei Uhr nachmittags.

ANWENDEN

1. **Im Büro. Kreuzen Sie die richtige Option an.**

a. Le presento a ☐ señores Ortega / ☐ los señores Ortega.
b. Gema trabaja ☐ media jornada / ☐ una media jornada.
c. ¡Bienvenida, ☐ señora Jiménez / ☐ la señora Jiménez!
d. ☐ Sr. Sanz / ☐ El Sr. Sanz viene ☐ próxima semana / ☐ la próxima semana.
e. La reunión con el cliente es a ☐ diez y media / ☐ las diez y media.
f. ¿Usted es ☐ señor Sarmiento / ☐ el señor Sarmiento, el jefe de Personal?
g. ☐ Señores Estrada / ☐ Los señores Estrada visitan hoy la fábrica.

! Bei Berufsangaben wird kein unbestimmter Artikel benutzt, außer man beschreibt sie näher: *Rafael Nadal es tenista.*
*Es **un** tenista español **muy famoso.***

2. In der Kaffeepause. Verbinden Sie die zusammengehörenden Fragen und Antworten und streichen Sie die unbestimmten Artikel, die falsch sind, durch.

1. ◆ ¿Ves el telediario por la noche?
2. ◆ ¿Laura tiene un coche?
3. ◆ ¿Quieres una otra botella de agua?
4. ◆ ¿Qué hace el hijo de la Sra. Gómez?
5. ◆ ¿Quieres un otro café?

a. ● Sí, tiene un coche eléctrico.
b. ● No sé. Creo que es un ingeniero.
c. ● No, no tengo una televisión.
d. ● No, gracias, ya he bebido tres cafés.
e. ● Sí, por favor, solo tengo una media botella.

Wenn man im Spanischen über eine Sache im Allgemeinen spricht, benutzt man immer den bestimmten Artikel:

Los museos son aburridos. Museen sind langweilig.

Vor allem nach den Verben *gustar* (mögen), *encantar* (lieben) und *interesar* (interessieren) muss man immer den bestimmten Artikel setzen.

*Me gusta **la** comida española.* Ich mag spanisches Essen.

3. Wie sagt man es richtig? Kreuzen Sie die richtige Option an.

1. Sport ist gut für die Gesundheit.
   a. ☐ Deporte es bueno para la salud.
   b. ☐ El deporte es bueno para la salud.
2. Er hat eine interessante Arbeit.
   a. ☐ Tiene trabajo interesante.
   b. ☐ Tiene un trabajo interesante.
3. Uns interessiert Politik nicht.
   a. ☐ No nos interesa política.
   b. ☐ No nos interesa la política.
4. Ich habe kein Fahrrad.
   a. ☐ No tengo bicicleta.
   b. ☐ No tengo una bicicleta.
5. Ich mag Schokolade sehr.
   a. ☐ Me gusta mucho chocolate.
   b. ☐ Me gusta mucho el chocolate.
6. Wir brauchen eine andere Lösung.
   a. ☐ Necesitamos otra solución.
   b. ☐ Necesitamos una otra solución.

la media jornada	Halbtagsstelle	el cliente	Kunde
la reunión	Treffen	el telediario	Tagesschau

7 Formen und Angleichung

Adjektive beschreiben die Eigenschaften eines Substantivs, sie beschreiben Personen oder Dinge also genauer:

la blusa ***bonita*** *el vestido* ***bonito*** *las zapatillas* ***bonitas***

▶◀ Im Gegensatz zum Deutschen stehen Adjektive normalerweise nach dem Substantiv: *La falda corta cuesta 10 euros. Los pantalones negros cuestan 20 euros.*

START

María macht mit ihrem Freund eine Wochenendreise nach Barcelona. Unterstreichen Sie auf ihrer Packliste die Adjektive.

- unos pantalones cortos
- una camiseta informal
- unas sandalias cómodas
- un vestido negro
- unos zapatos elegantes
- una blusa blanca
- unos vaqueros azules
- un pañuelo verde

SEHEN

Vervollständigen Sie die Tabelle mit den Adjektiven aus der obigen Liste.

Singular		Plural	
männlich	**weiblich**	**männlich**	**weiblich**
un vestido ______	una blusa ______	unos pantalones ______	unas sandalias ______
un pañuelo ______	una falda verde	unos zapatos ______	unas botas elegantes
un jersey informal	una camiseta ______	unos vaqueros ______	unas medias azules

VERSTEHEN

Ergänzen Sie nun die Regeln.

- Adjektive richten sich in Zahl und Geschlecht immer nach dem zugehörigen
  ☐ Substantiv. ☐ Verb. Sie werden also daran angeglichen.
- Adjektive, die auf *-o* enden, bilden die weibliche Form auf ________ .
- Adjektive, die auf *-e*, *-ista* oder Konsonant enden, sind ☐ in Einzahl und Mehrzahl ☐ in der männlichen und weiblichen Form gleich.
- Adjektive bilden den Plural genauso wie Substantive, also durch Anhängen von ______ bzw. ______ .

! Folgende Adjektive werden verkürzt, wenn sie vor dem Substantiv stehen:
bueno → buen *malo → mal* *grande → gran*

ANWENDEN

1. **Was gehört wohin? Ordnen Sie die Adjektive richtig zu.**

bonita amarillo roja grises oscuro marrones clásica largo feos

un vestido	**una camiseta**	**unos zapatos**
______	______	______
______	______	______
______	______	______

2. **María und ihr Freund Pablo gehen in Barcelona einkaufen. Ergänzen Sie die Endungen der Adjektive.**

a. ◆ ¿Te gusta este traje?
 ◘ No sé.... es muy modern______ .
b. ◆ Mira, estas faldas son muy lind______ .
 ◘ Sí, pero no son muy original______ .
c. ◆ Yo voy a comprar la corbata y el pañuelo.
 ◘ ¿No son muy car______ ?
d. ◆ La blusa es precios______ .
 ◘ Sí, pero muy conservador______ .

! Adjektive auf *-or* bilden die weibliche Form durch Anhängen von *-a*: *el chico trabajador → la chica trabajadora*

3. María und Pablo sind sehr verschieden. Ergänzen Sie die Beschreibung und achten Sie darauf, die Endungen anzugleichen, falls erforderlich!

divertido tímido deportista tranquilo inteligente
amable serio diferente dinámico

Pablo y María son muy ______________ . Pablo es muy extrovertido, le gusta mucho hablar con gente, pero María es ______________ . A Pablo le gusta hacer deporte, es ______________ , le gusta hacer muchas cosas, es muy activo y ______________ , y María es muy ______________ . Él es muy alegre, y ella es ______________ , pero los dos son muy ______________ . A María le gusta Pablo porque él es muy ______________ y a Pablo le gusta María porque ella es muy ______________ .

! Ein Adjektiv, das sich auf mehrere Substantive verschiedenen Geschlechts bezieht, steht immer in der männlichen Pluralform.
La falda y el vestido son muy bonitos.

las zapatillas *pl*	Sportschuhe	lindo	hübsch
las botas *pl*	Stiefel	la corbata	Krawatte
cómodo	bequem	el pañuelo	Schal/Tuch
las medias *pl*	Strümpfe	precioso	wunderschön
los vaqueros *pl*	Jeans	divertido	lustig
feo	hässlich	tímido	schüchtern

8 Nationalitätsadjektive

Im Spanischen wird die Nationalität immer mit einem Adjektiv angegeben:

Mi novio es suizo. Mein Freund ist Schweizer.
Tengo chocolate suizo. Ich habe Schweizer Schokolade.

Dabei gibt es teilweise besondere Regeln für die Bildung der Formen.

8 Nationalitätsadjektive

START

Woher kommen die Leute? Verbinden Sie die Sätze und Länder miteinander.

1. Nosotros somos belgas.
2. ¿Ustedes son marroquíes?
3. Luciano y Gianni son italianos.
4. Mis amigas son españolas.
5. Los chicos son canadienses.
6. ¿Vosotros sois franceses?

a. Marruecos
b. Bélgica
c. Francia
d. Italia
e. España
f. Canadá

SEHEN

Tragen Sie jetzt die Nationalitäten in die Tabelle ein.

Singular		Plural	
männlich	**weiblich**	**männlich**	**weiblich**
italiano	italiana	________	italianas
español	española	españoles	________
francés	francesa	________	francesas

Singular	Plural
belga	________
canadiense	________
marroquí	________

VERSTEHEN

Ergänzen Sie nun die folgenden Regeln mit der jeweils richtigen Option.

- Endet das männliche Nationalitätsadjektiv auf ☐ *-e*, ☐ *-o*, bildet es die weiteren Formen genau wie andere Adjektive: die weibliche Form auf *-a* und im Plural wird *-s* angehängt.
- Endet die männliche Form auf Konsonant, hängt man für die weibliche Form ein ☐ *-e* ☐ *-a* an. Für den männlichen Plural wird ☐ *-es* ☐ *-os* und für den weiblichen ☐ *-as* ☐ *-es* hinzugefügt.
- Adjektive mit den Endungen *-i*, *-e* und *-a* haben im Singular und Plural nur je eine Form. An Adjektive auf *-í* wird im Plural ☐ *-s* ☐ *-es* angehängt.

ANWENDEN

1. Tragen Sie die weibliche Form der Adjektive ein.

a. polaco ____________ d. sueco ____________
b. inglés ____________ e. alemán ____________
c. austríaco ____________ f. iraní ____________

! Endet das männliche Adjektiv auf eine betonte Silbe mit Konsonant, so hat es in der weiblichen Form und in den Pluralformen keinen Akzent: *alemán / alemana / alemanes / alemanas*

2. Nationalitäten-Quiz: Vervollständigen Sie die Lücken mit den richtigen Endungen und unterstreichen Sie dann die korrekte Option.

a. Sofía Vergara y Shakira son colombian______ / rus_____ .
b. Salma Hayek y Diego Rivera son finlandes______ / mexican______.
c. Hans Christian Andersen y Robert Östlund son venezolan_____ / danes_____.
d. Isabel Allende y Michelle Bachelet son chilen_____ / norueg_____.

3. Spezialitäten aus aller Welt. Ergänzen Sie die Sätze.

En MultiMundo tenemos de todo: Para la barbacoa de verano, carne ____________ (Argentina). Para las fiestas, whiskey ____________ (Irlanda). Para beber con amigos, vinos ____________ (Portugal) y para acompañar, queso ____________ (Suiza). Para las ensaladas, aceite de oliva ____________ (Grecia). Para el frío, ponchos ____________ (Perú) ... ¡y mucho, mucho más!

sueco	schwedisch	regalar	schenken
la barbacoa	Grill	acompañar	begleiten
el verano	Sommer		

★ 9 Steigerung und Vergleich

Personen, Gegenstände, Tätigkeiten oder Eigenschaften, die unterschiedlich sind, werden im Spanischen durch Komparativ (1. Steigerungsstufe) und Superlativ (2. Steigerungsstufe) miteinander verglichen.
*Brasil es **más grande que** Panamá.*
Brasilien ist **größer als** Panama.
*Brasil es **el país más grande** de Latinoamérica.*
Brasilien ist **das größte Land** Lateinamerikas.

START

Eine Reise durch Lateinamerika. Unterstreichen Sie im Text die Vergleichsformen.

¡Es hora de visitar las grandes ciudades!
Un viaje fascinante. Cuatro capitales en cuatro semanas: Buenos Aires, Santiago, Lima y Ciudad de México.
Empiezo en Buenos Aires, la capital de Argentina, famosa por su vida cultural. De ahí viajo a Santiago de Chile, la capital de Chile. Esta ciudad, que está muy cerca de los Andes, es la más pequeña de las cuatro ciudades de mi viaje, pero no es menos interesante que el resto. De Santiago viajo a Lima, la capital de Perú, famosa por su gastronomía. Lima es más grande que Santiago, pero más pequeña que Ciudad de México, la última capital de mi recorrido. Ciudad de México es una ciudad increíble y es la más grande de Latinoamérica.

SEHEN

Vervollständigen Sie die Beispiele.

a. Lima es ________ grande ______ Santiago.
b. Santiago no es __________ interesante _______ Buenos Aires.
c. Ciudad de México es _____ ___________ grande.
d. Santiago es _______ ___________ pequeña.

VERSTEHEN

Wie lauten die Regeln? Wählen Sie die korrekte Formulierung.

- Der **Komparativ** wird gebildet mit:
  ☐ *más / menos* + Adjektiv + *que*
  ☐ *más / menos + que* + Adjektiv
- Der **Superlativ** wird gebildet mit:
  ☐ Artikel + *más / menos* + Adjektiv
  ☐ Adjektiv + *más / menos* + Artikel

! Unregelmäßige Formen:
bueno - mejor (gut – besser)
malo – peor (schlecht – schlechter)
grande – mayor (groß – größer/älter)
pequeño – menor (klein – kleiner/jünger)
Para mí, el café es mejor que el té.
Sara tiene 32 años, Lulú tiene 25 años: Sara es mayor que Lulú.

ANWENDEN

1. **Dorf oder Stadt? Der Komparativ (Vergleichsform). Kreuzen Sie die korrekte Form an.**

Los pueblos son más ☐ tranquilo / ☐ tranquilos que las ciudades, pero también son más ☐ aburridos / ☐ aburridas. Una ciudad es más interesante ☐ de/ ☐ que un pueblo y tiene más actividades. En los pueblos las personas son ☐ mayores / ☐ más grandes que en las ciudades. Además una ciudad es más ☐ internacional / ☐ internacionales que un pueblo. En resumen, para mí, las ciudades son ☐ más buenas / ☐ mejores que los pueblos. Solo hay una desventaja en las ciudades: las ciudades son ☐ más/ ☐ menos caóticas que los pueblos.

2. Superlativ: Was ist Ihre Meinung? Ergänzen Sie mit der korrekten Option und wählen Sie die richtige Antwort.

romántica famoso mejor bonitas importantes

1. ¿Quién es la __________ actriz española?
2. ¿Cuál es la ciudad más ________ de Europa?
3. ¿Cuáles son los museos más __________ de España?
4. ¿Quién es el deportista más __________ de Argentina?
5. ¿Dónde están las playas más __________ de España?

a. En la Costa Brava
b. Penélope Cruz
c. Praga
d. El Prado y el Reina Sofía
e. Messi

! Beim Superlativ kann je nach Kontext das Substantiv auch entfallen:
Lima es la (ciudad) más pequeña. Lima ist die kleinste (Stadt).

3. Komparativ oder Superlativ? Vervollständigen Sie die Sätze mit dem Komparativ mit *más* sowie dem Superlativ.

Beispiel: popular

- El tenis es más popular que el golf.
- Pero el fútbol es el deporte más popular.

a. rica

- La comida italiana es _____ _____________ _____ la francesa.
- Sí, pero la china es _____ _____ _____________.

b. simpáticos

- Los españoles son _____ _____________ _____ los suizos.
- Mmm... no sé, yo creo que _____ _____ _____________ son los portugueses.

c. difícil

- El alemán es _____ _____________ _____ el inglés.
- Pero _____ idioma _____ _____________ es el polaco.

la capital	Hauptstadt	aburrido	langweilig
empezar (e>ie)	anfangen	la desventaja	Nachteil
el recorrido	Route	el polaco	Polnisch

10 Vergleiche bei Gleichheit

Auch Dinge und Personen, die gleich sind, kann man miteinander vergleichen:
La casa de Rocío es ***tan vieja como*** la casa de Esteban.
Rocíos Haus ist **genauso alt wie** Estebans Haus.

START

Andrés will umziehen. Unterstreichen Sie im Text alle Vergleiche und danach in den Wohnungsanzeigen diese Informationen: Größe, Schlafzimmer, Preis.

Andrés vive en un piso céntrico y bonito, pero tiene muchos compañeros de piso. Por eso busca un piso nuevo. Quiere un piso tan bueno como su piso actual, pero no quiere muchos compañeros de piso. Ahora tiene estas tres opciones:

Piso 1:

La Cruz, piso amueblado, $90m^2$, 2 dormitorios, salón, un baño, terraza, **300 €**

Piso 2:

Piso nuevo en Colón, moderno, con 3 dormitorios y 3 baños, salón-comedor, $100m^2$, alquiler, **300 €**

Piso 3:

Piso en el centro, 2 dormitorios, un baño, salón y terraza muy bonita, $90m^2$, totalmente renovado, **500 €**

SEHEN

Kreuzen Sie an, ob die folgenden Aussagen richtig (V = verdadero) oder falsch (F= falso) sind.

a. El piso 1 es tan grande como el piso 3. ☐ V / ☐ F

b. El piso 2 no es tan caro como el 3. ☐ V / ☐ F

10 Vergleiche bei Gleichheit

VERSTEHEN

Wählen Sie die korrekte Option der Regel.

- Das Vergleichsmuster bei gleichen Elementen ist bei Adjektiven:
  - ☐ *tan* + Adjektiv + *que*
  - ☐ *tan* + Adjektiv + *como*

ANWENDEN

1. **Andrés erzählt seinem Freund von den Wohnungen, die er gesehen hat. Ergänzen Sie die Vergleiche.**

◘ Bueno, Andrés, entonces ¿qué piso eliges?

◆ No sé. Es que no estoy seguro... Los tres pisos son muy similares. El piso en La Cruz es muy bonito y está amueblado, y es ______ grande ______ el piso en el centro.

◘ Y tú prefieres vivir en el centro, ¿verdad?

◆ Sí, pero el piso en el centro no es ______ barato ______ los pisos en La Cruz y en Colón.

◘ ¿Y el piso de Colón? Yo pienso que el barrio de Colón es ______ bonito ______ el centro.

◆ Sí, es verdad.

2. **Ordnen Sie die Wörter zu sinnvollen Sätzen.**

a. céntrico / piso de Colón / el / como / es / tan / piso de La Cruz / el

____

b. el salón / grande / tan / los dormitorios / es / como / no

____

c. el baño / es / moderna / la cocina /como / tan

____

d. luminosos / los / tan / dormitorios / son / como / baños / los / no

____

e. la / como / balcón / tan / el / pequeño / es / terraza

____

! Um Substantive und Verben zu vergleichen, benutzt man bei Gleichheit *tanto* (so viel). *Tanto* ist nach Verben unveränderlich, wird aber immer an das Substantiv angepasst: *tanto tiempo / tanta comida*
tantos dormitorios / tantas terrazas

3. Übersetzen Sie die Ausdrücke in der Klammer.

a. Patricio no tiene ________________ (so viele) compañeros como Andrés.
b. El piso de Colón es ______________ (genauso) barato como el piso de la Cruz.
c. Nosotros no tenemos ______________ (so viel) dinero como tú.
d. En este barrio no hay ______________ (so viele) tiendas como en el centro.
e. Mis vecinas son ______________ (so) simpáticas como mis compañeros.
f. El piso tiene ______________ (so viele) baños como dormitorios.
g. Los pisos son ______________ (genauso) caros como las casas.

céntrico	zentral	seguro	sicher
el compañero de piso	Mitbewohner	amueblado	möbliert
actual	jetzig	luminoso	hell
entonces	dann	el vecino	Nachbar

★ 11 Adverbien auf *-mente*

Adverbien werden verwendet, um Verben, Sätze oder andere Wörter näher zu bestimmen. Sie sind im Spanischen unveränderlich und haben eine eigene Form, die oft von einem Adjektiv abgeleitet wird. Mit den Adverbien auf *-mente* wird meist die Art und Weise einer Handlung ausgedrückt (Wie geschieht etwas?).

*Me gusta leer el periódico **tranquilamente.***

Ich mag es, die Zeitschrift **in Ruhe** zu lesen.

START

Ratschläge von einem Profi. Lesen Sie die Liste und unterstreichen Sie die Adverbien auf *-mente*.

Estos son los cinco consejos del experto Alejandro Santana. Para tener una vida feliz y equilibrada tienes que:

- encontrarte con amigos frecuentemente
- hacer deporte regularmente
- alimentarte saludablemente
- practicar meditación diariamente
- pensar positivamente

SEHEN

Ergänzen Sie jetzt die zu den Adjektiven passenden Adverbien.

Adjektiv		Adverb
frecuente	→	______________
regular	→	______________
saludable	→	______________
diario	→	______________
positivo	→	______________

VERSTEHEN

Ergänzen Sie nun die folgenden Regeln.

- Bei Adjektiven auf _____ oder auf ______________ wird *-mente* einfach angehängt: *general → general*__________
- Bei Adjektiven auf *-o* werden die Adverbien auf *-mente* von der ____________ Form abgeleitet: *perfecto → perfect*___ → *perfect*____________

! Das Adverb behält den Akzent des Adjektivs bei, z. B. *fácil → fácilmente*.

ANWENDEN

1. **Wie lautet das Adverb?**

a. lógico ________________
b. violento ________________
c. cómodo ________________
d. lenta ________________
e. rápido ________________
f. abierto ________________
g. claro ________________

! Bei einigen Adjektiven, wie *rápido* und *claro*, wird neben der Form auf *-mente* auch das männliche Adjektiv als Adverb verwendet.
Él habla rápido. = Él habla rápidamente.
Él habla claro. = Él habla claramente.

2. **Santana hat noch mehr Ratschläge für seine Leser. Vervollständigen Sie den Text mit den Adverbien aus der ersten Übung.**

Hoy todos vivimos de prisa, queremos hacer todo ________________. Por esta razón, ________________ estamos siempre estresados y muchas personas actúan ________________. Pero no es necesario hacer todo con prisa, algunas cosas se pueden hacer ________________. Por ejemplo, leer un buen libro ________________ en el salón, en nuestro sillón favorito. Otra cosa importante es hablar ________________ de los sentimientos y comunicar ________________ nuestros deseos.

Das Adverb von *bueno* lautet ***bien***, von *malo* lautet es ***mal***. Im Spanischen sagt man ***está bien / está mal*** (und nicht ~~*es bien / es mal*~~).

3. **Adjektiv oder Adverb? Wählen Sie in den Dialogen die richtige Alternative.**

a. ◆ Julia es una persona muy ☐ caótica / ☐ caóticamente, ¿no crees?
▫ Sí, claro, hace todas las cosas ☐ caótica / ☐ caóticamente.
◆ Pero Pepe es muy ☐ tranquilo / ☐ tranquilamente.
▫ Es verdad, y además es muy ☐ amable / ☐ amablemente.

b. ● Ana combina ☐ perfecta / ☐ perfectamente el trabajo y la vida privada.
○ Sí, trabaja mucho, pero también sale ☐ frecuente / ☐ frecuentemente con sus amigos.

c. ▫ Mariana, la profesora de yoga es muy ☐ buena / ☐ bien, ¿verdad?
◆ No, yo creo que es una persona ☐ arrogante / ☐ arrogantemente y sus clases de yoga son ☐ malas / ☐ mal. No sabe explicar ☐ clara / ☐ claramente los ejercicios.

el consejo	Ratschlag	violento	gewalttätig
equilibrada	ausgeglichen	cómodo	bequem
encontrarse con (o>ue)	sich treffen mit	de prisa	in Eile
		estresado	gestresst
alimentarse	sich ernähren	el sentimiento	Gefühl

★ 12 *también und tampoco*

Nicht alle Adverbien werden im Spanischen mit *-mente* gebildet, es gibt auch einige eigenständige Adverbien wie *sí* (ja), *ahora* (jetzt) oder *nada* (nichts). Die zwei Adverbien *también* (auch) und *tampoco* (auch nicht) werden leicht verwechselt, deshalb sehen wir sie uns genauer an.

*Yo fumo y mi novio **también**.*	Ich rauche und mein Freund **auch**.
*Yo no bailo y mi novio **tampoco**.*	Ich tanze nicht und mein Freund **auch nicht**.

START

Unterstreichen Sie in den Chats die Wörter *también* und *tampoco*.

Hola, ¿alguien me puede recomendar un gimnasio?

Ni idea😐, yo no hago deporte.

Yo tampoco, lo siento😞.

Pero puedes preguntarle a Patricia.
Ella va todos los días a zumba.

Y Laura también. Creo que van juntas.

Hola, Patricia, ¿tú haces zumba?

Sí, me gusta mucho, y a Laura también. Siempre vamos juntas.😃 ¿Por qué? ¿Quieres hacer zumba?

No sé... quiero hacer deporte, pero no me gusta hacer deporte solo.

A mí tampoco, por eso voy a un curso de zumba.

SEHEN

Ergänzen Sie die Reaktionen aus den Chats.

ella va todos los días a zumba ______________________

sí, me gusta mucho ______________________

yo no hago deporte ______________________

no me gusta hacer deporte solo ______________________

VERSTEHEN

Wählen Sie nun die korrekte Form der Regel.

- *También* bezieht sich auf eine vorherige ☐ positive ☐ negative Aussage.
- *Tampoco* bezieht sich auf eine vorherige ☐ positive ☐ negative Aussage.

ANWENDEN

1. **Wie sind die Reaktionen auf diese Aussagen? Vervollständigen Sie die Dialoge.**

a. A Sandra no le gusta el yoga.

A Carolina ______________.

b. A mis hijos les gusta el kárate.

A mis hijos ______________.

c. Nosotros no bebemos bebidas energéticas.

Nosotros ______________.

d. Yo voy los fines de semana a las montañas.

Yo ______________.

e. Yo voy a correr dos veces a la semana, ¿tú ______________ ?

Sí, yo corro los miércoles y los domingos.

2. **Gibt es das ideale Paar? Was denkt Patricia? Kreuzen Sie die richtige Alternative an.**

Creo que Carlos y yo somos la pareja ideal. A mí me gusta hacer senderismo, a él ☐ también / ☐ tampoco. A él le gusta ir en bicicleta, ☐ a mí también / ☐ mí también.

Yo prefiero las excursiones cortas y hacer pausas para ver la naturaleza, □ *él también* / □ *a él tampoco*. Carlos no come carne, yo □ *también no* / □ *tampoco*. A él no le gusta la playa, □ *yo tampoco* / □ *a mí tampoco*. Él siempre quiere estar conmigo y claro que yo... ¡ □ *también* / □ *tampoco*!

! „Mir auch (nicht)" übersetzt man nie mit ~~*mí también/tampoco*~~ sondern mit *a mí también/tampoco*. „Ich auch (nicht)" übersetzt man mit *yo también/tampoco*.

3. *También* oder *tampoco*? Ergänzen Sie den Text richtig.

Trekking en el Camino Inca

A todos los interesados en hacer el Camino Inca, este viernes tenemos una reunión para planear todos los detalles. Ya tenemos ofertas de vuelos y __________ ofertas de hoteles y albergues. __________ es posible pasar unos días en Lima después de hacer el Camino Inca. __________ hemos contactado con guías profesionales. No tenemos todavía las fechas exactas y no hemos decidido __________ la ruta definitiva.

__________ hemos hablado de los gastos extraordinarios. Por eso os esperamos el viernes, para hablar de todo esto, y __________ para tomar un pisco sour. 😃

! *También* und *tampoco* können vor oder hinter dem Verb stehen. Wenn *tampoco* hinter dem Verb steht, muss vor dem Verb zusätzlich *no* stehen. *Yo no he visto los Andes. Yo tampoco he visto los Andes. Yo no los he visto tampoco.*

recomendar (e>ie)	empfehlen	el interesado	Interessent
el gimnasio	Fitnessstudio	la oferta	Angebot
la bebida energética	Energydrink	el albergue	Herberge, Hütte
el senderismo	Wandern	el guía	Fremdenführer
conmigo	mit mir	el gasto	Ausgabe

13 *muy* und *mucho*

Die verstärkenden Adverbien *muy* (sehr) und *mucho* (sehr, viel) unterscheiden sich nur leicht in ihrer Bedeutung und werden oft verwechselt. Deshalb ist es wichtig, die richtige Anwendung zu lernen.

*El trabajo es **muy** estresante.*	*Nos concentramos **mucho**.*
Die Arbeit ist **sehr** stressig.	Wir konzentrieren uns **sehr**.

START

Maritza braucht Urlaub. Unterstreichen Sie in ihrer E-Mail die Adverbien *muy* und *mucho*.

Para: camila@bestmail.com

Asunto: Fin de semana

Hola, Camila:

¿Qué tal? Yo estoy muy cansada y necesito unas vacaciones urgentemente. En las últimas semanas he trabajado mucho y no he tenido tiempo de nada. Por eso quiero viajar el fin de semana a una playa muy tranquila para descansar. No quiero ir a un lugar turístico. Voy a ir muy probablemente a Puerto Escondido. Solo quiero pasar todo el día en una tumbona en la playa, leer mucho y dormir mucho. ¿Te apetece venir conmigo?

Un beso,

Maritza

SEHEN

Vervollständigen Sie die Wendungen mit *muy* und *mucho* aus dem Text. Welche Wörter kommen in jede Spalte?

Maritza está muy ______	Maritza ha ______
una playa ______	quiere ______
va a ir ______	quiere ______

VERSTEHEN

Ergänzen Sie die Regeln anhand der Beispiele.

- Das Adverb *muy* steht vor einem ______________ oder ______________ .
- Das Adverb *mucho* steht hinter dem __________ , auf das es sich bezieht.
- *Muy* und *mucho* als Adverb sind ☐ unveränderlich. ☐ veränderlich.

! *Mucho* kann auch ein Adjektiv sein. Als Adjektiv ist *mucho* veränderlich und richtet sich nach dem zugehörigen Substantiv (siehe Kapitel 7).
*Hay **muchas** personas en el hotel.* Es sind **viele** Leute im Hotel.

ANWENDEN

1. **Maritza sucht und findet den richtigen Ort für ihr Wochenende. Kreuzen Sie die richtige Alternative an.**

¿Trabaja usted ☐ muy / ☐ mucho y necesita descansar?
¿Busca un lugar ☐ muy / ☐ mucho especial, ☐ muy / ☐ mucho tradicional, pero también ☐ muy / ☐ mucho moderno? ¿Un lugar ☐ muy / ☐ mucho cerca de la ciudad pero ☐ muy / ☐ mucho lejos del estrés para relajarse ☐ muy / ☐ mucho, descansar ☐ muy / ☐ mucho y volver a casa como nuevo?
¡Lo esperamos en Puerto Escondido!
www.puertoescondido.com

! *Mucho* steht in einer Kurzantwort, wenn das Adjektiv mit *muy* nicht wiederholt wird:
*¿Estás **muy** cansado? Sí, **mucho**.* Bist du **sehr** müde? Ja, **sehr**.

2. **Maritza kommt aus Puerto Escondido zurück und erzählt ihrer Freundin Camila davon. Ergänzen Sie die Sätze mit dem richtigen Adverb *muy* oder *mucho*.**

- ○ Maritza, ¿qué tal tu fin de semana en la playa?
- ◆ ¡ ________ bien! He estado en Puerto Escondido, es un pueblo ________ pequeño, y está a solo dos horas de aquí.
- ○ ¿Y qué te ha parecido el hotel?
- ◆ Me ha gustado ________. Es ________ bonito, ________ tranquilo y el servicio es fantástico.
- ○ Y ________ caro también, ¿no?
- ◆ No, no, para nada, tienen tarifas especiales de fin de semana.
- ○ ¿Entonces has estado ________ relajada el fin de semana?
- ◆ Sí, ________. Además he paseado ________ por la playa y he comido cosas ________ ricas.
- ○ ¡Qué bien, me alegro ________ !

3. **Übersetzen Sie die Adverbien in Klammern.**

Me gustan ________ (sehr) las vacaciones. Cuando estoy de vacaciones duermo ________ (sehr gut).
Voy ________ (viel) en bicicleta y disfruto ________ (viel) de la naturaleza.
También me gusta ________ (sehr) dar paseos y caminar ________ (sehr) tranquilamente por la playa.

estresante	stressig	cerca de	in der Nähe von
urgentemente	dringend	conmigo	mit mir
descansar	sich ausruhen	volver (o>ue)	zurückkehren
la tumbona	Liegestuhl	¿Qué te parece...?	Wie gefällt dir ...?
apetecer	Lust haben	disfrutar	genießen

Possessivbegleiter und -pronomen

Die Possessivbegleiter geben Besitz oder Zugehörigkeit an. Im Spanischen wird zwischen unbetonten und betonten Formen unterschieden.

***Mi** coche es muy rápido.*	**Mein** Auto ist sehr schnell.	(unbetont)
*Este coche es **mío**.*	Dieses Auto ist **meins** / gehört **mir**.	(betont)

14 Unbetonte Possessivbegleiter

Die unbetonten Formen der Possessivbegleiter werden immer zusammen mit einem Substantiv benutzt und stehen vor dem Substantiv:

*Esta es **mi** casa.*	Das ist **mein** Haus.
*Estos son **mis** padres.*	Dies sind **meine** Eltern.

START

Ein Spanischkurs in Spanien. Lesen Sie die Minidialoge und unterstreichen Sie die Possessivbegleiter.

◆ Nuestro profesor es muy simpático. ¿Y vuestro profesor?
○ Tenemos una profesora. Nuestra profesora es muy amable también.

□ Mis clases son por la tarde. ¿Y tus clases?
● Por la mañana y por la tarde, ¡es un curso intensivo!

○ Sr. Schmidt, su curso empieza a las tres de la tarde.
◆ Perfecto, muchas gracias.

□ ¿Ustedes ya tienen su libro?
● Sí, ya lo tenemos.

● ¿De dónde son vuestros compañeros del curso?
□ Nuestros compañeros son de Inglaterra y de Alemania.

◆ Sra. Lenz, ¿usted conoce a sus compañeros del curso?
○ No, solo conozco a mi profesor.

14 Unbetonte Possessivbegleiter

SEHEN

Tragen Sie die unterstrichenen Begleiter in die Tabelle ein.

Besitzer	**ein Besitztum**		**mehrere Besitztümer**		
	männlich	**weiblich**	**männlich**	**weiblich**	
yo	________		________		mein/e
tú	tu		________		dein/e
él / ella / usted	________		________		sein/e, ihr/e, Ihr/e
nosotros/-as	______	______	______	nuestras	unser/e
vosotros/-as	______	vuestra	______	vuestras	euer/e
ellos / ellas / ustedes	________		sus		ihr/e, Ihr/e

VERSTEHEN

Ergänzen Sie nun die folgenden Regeln und Beispiele.

- Possessivbegleiter richten sich in der ____________ nach dem darauffolgenden Substantiv: *mi curso*, __________ *cursos*.
- Bei *nosotros* und *vosotros* wird auch das ____________ angepasst: *nuestro profesor*, __________ *profesora*, *nuestros profesores*, __________ *profesoras*.

! Achtung, nicht verwechseln! *Tú* mit Akzent bedeutet „du“, *tu* ohne Akzent bedeutet „dein“.

ANWENDEN

1. Ein bisschen Chaos im Unterricht. Ergänzen Sie die Possessivbegleiter.

a. David no encuentra sus ________ (seine) lápices.

b. ¿Dónde está __________ (mein) bolígrafo?

c. ¡Aquí están ________ (unsere) libretas!

d. ¿Y ________ (eure) cuadernos, dónde están?

e. ¿Estos son ________ (deine) libros?

f. Lorena y Ana quieren ________ (ihr) diccionario.

g. ¡Y la profesora busca ________ (ihre) carpetas!

! Wenn aus dem Kontext nicht hervorgeht, welche Person mit den Possessivbegleitern *su* oder *sus* gemeint ist, kann man die Zugehörigkeit auch mit *de* + Name ausdrücken: *sus lápices* seine/ihre/Ihre Bleistifte — *los lápices de David* die Bleistifte von David

2. Markus und Britta schreiben eine Postkarte an ihre Lehrerin in Deutschland. Ergänzen Sie mit den Possessivbegleitern.

Hola Carmen:
¡Saludos desde España! ________ clase de español aquí es muy interesante. ________ compañeros son muy simpáticos y ________ profesora explica muy bien. Ella es de Bolivia, pero vive aquí porque ________ marido es español, y ________ hijos viven también en España. ¡Aquí nosotros hablamos y escribimos todo el tiempo en español!
¡Un abrazo hasta Alemania!

Markus y Britta

Carmen Varela
Taubengasse 27
85004 Unterstadt
ALEMANIA

3. Welche vier Familienbezeichnungen, die zu diesen Possessivbegleitern passen, verstecken sich im Wortgitter?

R	E	T	P	M	D	S
P	O	M	I	A	B	O
T	Í	A	S	D	R	H
E	U	R	A	R	Z	I
H	N	I	S	E	L	J
O	I	D	J	P	É	O
H	R	O	E	L	M	S

a. mi ______

b. nuestros ______

c. nuestra ______

d. sus ______

empezar (e>ie)	beginnen, anfangen (zu)	el cuaderno	Heft
el lápiz	Stift	la carpeta	Ordner
el bolígrafo	Kugelschreiber	el abrazo	Umarmung
la libreta	Notizbuch		

★ 15 Betonte Possessivbegleiter und -pronomen

Betonte Possessivbegleiter geben ebenfalls Besitz oder Zugehörigkeit an. Sie stehen immer nach dem Substantiv.

Pedro es un primo **mío**.	Marta y Sandra son unas primas **mías**.
Pedro ist ein Cousin von mir.	Marta und Sandra sind Cousinen von mir.

START

Alicia zeigt ihrer Tochter alte Bilder. Unterstreichen Sie die betonten Possessivbegleiter und achten Sie auch auf die Artikel.

Mira, ella es Laura, una compañera mía. Trabajamos juntas en Alicante. Y aquí está tu padre, con unos amigos suyos en Mallorca... ¿Recuerdas a Javier? Un compañero tuyo del colegio. Y estas chicas creo que son unas amigas vuestras del colegio también. Ah, y este es Manuel, otro amigo nuestro de la infancia.

SEHEN

Sehen Sie sich jetzt die Wörter noch einmal an und tragen Sie sie in die Tabelle ein. Ergänzen Sie auch die restlichen Formen.

Besitzer	ein Besitztum		mehrere Besitztümer		
	männlich	weiblich	männlich	weiblich	
yo	mío	_______	_______	mías	von mir
tú	_______	tuya	tuyos	_______	von dir
él / ella / usted	suyo	_______	_______	suyas	von ihm / ihr / Ihnen
nosotros/-as	_______	nuestra	_______	nuestras	von uns
vosotros/-as	vuestro	_______	vuestros	_______	von euch
ellos / ellas / ustedes	_______	suya	_______	suyas	von ihnen / Ihnen

VERSTEHEN

Ergänzen Sie nun die folgenden Regeln.

- Betonte Possessivbegleiter stehen nach einem Substantiv, mit dem sie in _______________ und _______________ übereinstimmen.
- Der Possessivbegleiter wird mit ☐ unbestimmtem ☐ bestimmtem Artikel verwendet, wenn „eine/r von mehreren" gemeint ist:
  Un compañero tuyo del colegio.

! Nur in der 1. Person Singular werden die Possessivbegleiter mit Akzent geschrieben. *un amigo mío* *otro amigo nuestro*

ANWENDEN

1. **Wählen Sie den richtigen Begleiter.**

a. tu novio de la universidad = un novio ☐ tuya / ☐ tuyo
b. un concierto de nosotros = un concierto ☐ nuestros / ☐ nuestro
c. una vecina de vosotros = una vecina ☐ vuestra / ☐ vuestras

d. mis empleados del banco = unos empleados ☐ míos / ☐ mío

e. un sobrino de Celia y Tito = un sobrino ☐ suyo / ☐ suyos

! Die betonten Possessiva werden auch als Pronomen verwendet, d. h. sie ersetzen ein Substantiv: *¿De quién es este libro?* *Es **mío**.* Es ist meins.
In Kombination mit dem bestimmten Artikel drücken sie einen Kontrast zwischen verschiedenen Objekten aus:
¿Este es tu libro? *No, **el mío** es nuevo.* Nein, meins ist neu.

2. Immer diese Vergleiche. Verbinden Sie die Fragen mit den passenden Antworten.

1. Mis hijos estudian en la universidad, ¿y los tuyos?
2. ¿Vuestra casa es una casa inteligente como la nuestra?
3. Disculpe, señor, ¿es suyo el coche negro que está en la calle?
4. Creo que hemos encontrado sus maletas, ¿son estas?

a. No, el mío es el rojo, el Ferrari.
b. No, las mías no son de poliéster, son de policarbonato.
c. Los míos ya trabajan, y tienen muy buen trabajo.
d. Claro, la nuestra es inteligente y además muy grande y moderna.

3. Magali Torres ist Handtaschendesignerin. Ergänzen Sie das Interview.

míos sus mis suyos míos sus mis

Un bolso muy bonito

- ¡Qué bonitos bolsos! ¿Todos estos son diseños __________ ?
- Sí, todos son diseños __________ , originales.
- ¿Dónde se pueden comprar __________ bolsos?
- __________ bolsos se venden solo en tiendas pequeñas.
- ¿Y quién compra __________ bolsos?
- __________ bolsos son para las mujeres modernas y activas, y algunas actrices famosas como Penélope Cruz llevan bolsos __________ .

la infancia	Kindheit	la maleta	Koffer
el empleado	Angestellter	el diseño	Design

16 Demonstrativbegleiter und -pronomen

Demonstrativa (hinweisende Fürwörter) weisen auf Personen oder Sachen hin. Sie können ein Substantiv begleiten (Demonstrativbegleiter) oder ein Substantiv ersetzen (Demonstrativpronomen).

Begleiter	*Pronomen*
Esta lámpara es muy bonita.	**Esa** es muy fea.
Diese Lampe (hier) ist sehr schön.	**Diese da** ist sehr hässlich.

START

Im Möbelgeschäft. Achten Sie im Dialog auf die markierten Ortsangaben und unterstreichen Sie die Demonstrativbegleiter grün und die Pronomen blau.

- Esta mueblería nueva es fantástica. Mira, este sillón de **aquí** es muy bonito.
- Sí, pero ese de **ahí** en la esquina es también muy bonito, ¡y solo cuesta 59€!
- Vamos a ver las mesas... Aquella mesa que está **allí**, al final de la sala, es muy moderna. ¿Te gusta?
- ¿Aquella negra? No sé, creo que es muy grande... y muy cara.
- Y estas sillas negras son perfectas para la mesa.
- Mmm, no sé, prefiero esas de **ahí**, solo cuestan 19€.
- ¿Dónde están los armarios?... Ah, mira, estos son muy prácticos.
- Y muy caros.
- Pero, Juan, ¡¿por qué siempre ves el precio?!
- ¡Porque es muy importante!

SEHEN

Tragen Sie die Demonstrativa in die Tabelle ein.

		Singular		Plural	
		männlich	weiblich	männlich	weiblich
	aquí (hier)	________	________	________	________
	ahí (da)	________	esa	esos	________
	allí (dort)	aquel	________	aquellos	aquellas

16 Demonstrativbegleiter und -pronomen

VERSTEHEN

Ergänzen Sie nun die folgenden Regeln.

- Demonstrativa richten sich in ______________ und ______________ nach dem Substantiv, auf das sie sich beziehen.
- Die Formen der Demonstrativpronomen und -begleiter sind ☐ gleich. ☐ unterschiedlich.
- Sie bestimmen die ☐ Emotion, ☐ Nähe, die man zu etwas hat:

1. *Este, esta, estos* und *estas* verweisen auf Dinge, ____
2. *Ese, esa, esos* und *esas* verweisen auf Dinge, ____
3. *Aquel, aquella, aquellos* und *aquellas* verweisen auf Dinge, ____

a. die vom Sprecher etwas weiter entfernt sind (*ahí*).
b. die vom Sprecher sehr weit entfernt sind (*allí*).
c. die nah beim Sprecher sind (*aquí*).

Auf Deutsch übersetzt man *este*, *ese* und *aquel* als „dieser hier", „dieser da" und „dieser dort".

ANWENDEN

1. Alles für das Haus. Finden Sie zu jedem farbigen Begleiter das richtige Wort.

a. esta

b. esos

c. aquellas

d. ese

e. esa

sofás, aspiradora, copas, taza, plantas, cuadros, plato, alfombras, lámparas, frigorífico, vasos, espejo, nevera, cafetera, escritorio

2. Beim Einkaufen. Ergänzen Sie die Minidialoge mit fünf Wörtern aus Übung 1.

a. ● Mira, Juana, ¿qué te parecen estas __________ ?
○ Son muy bonitas, y perfectas para el vino tinto.

b. ◆ Me gustan aquellos __________ para el salón.
□ Sí, son grandes y muy modernos.

c. ○ José, ¿compramos estos __________ para el zumo?
● Sí, si tú quieres...

d. ■ Ese __________ en la pared es ideal para el baño.
● ¡Sí, es justo lo que necesitamos!

e. □ Luci, ¿te gusta este frigorífico?
◆ Mmm, yo prefiero esa __________ que está ahí.

3. Es fehlt nur das Bett! Ergänzen Sie den Dialog mit den richtigen Demonstrativbegleitern oder -pronomen.

◆ Hola, necesitamos una cama grande y, sobre todo, muy cómoda.
○ Muy bien, pues vamos a ver... Aquí tengo unas camas de muy buena calidad. ¿Qué les parece __________ cama modelo “King”? Es muy cómoda.
◆ A ver... Sí, es verdad, es muy cómoda. Pero quiero ver más. Por ejemplo, __________ de ahí enfrente, ¿son también grandes?
○ Sí, claro, __________ camas son también grandes, pero son un poco más caras.
◆ Mmm... ¿y __________ estilo escandinavo de allí? ¡Es muy bonita!
○ Sí, pero __________ cama es más pequeña.
◆ Pues entonces compramos __________ de aquí, la “King”. Es grande, cómoda y está a buen precio.

! Die neutralen Demonstrativpronomen *esto*, *eso* und *aquello* stehen immer im Singular und werden nie zusammen mit einem Substantiv gebraucht. Man verwendet sie, wenn man eine Sache nicht kennt, ihr Name unwichtig ist oder man sich auf etwas vorher Gesagtes bezieht.

*¿Qué es **eso**?*	***Esto** es para ti.*	*¿Por qué haces **eso**?*
Was ist **das**?	**Dies** ist für dich.	Warum machst du **das**?

4. Bilder aufhängen. Kreuzen Sie die richtige Option an.

- Y ahora, para terminar la decoración, vamos a colgar ☐ esto / ☐ estos cuadros.
- Si tú lo dices... ¿Por dónde empezamos? ¿Por el salón?
- A ver, en el salón... Aquí, un cuadro grande... ¿Qué te parece ☐ esta / ☐ este?
- Sí, ☐ ese / ☐ esos está perfecto ahí.
- Y los dos pequeños ahí a la izquierda... ¿dónde los ponemos?
- Ah, ☐ esos / ☐ estas, en el dormitorio, son muy bonitos.
- Vale, y por último, ☐ aquello / ☐ este.
- Pero... ¿y ☐ eso / ☐ esos qué es?
- ¿Qué es? Es el cuadro que ha pintado mi madre, para nosotros.
- Pues yo creo que el lugar ideal para ☐ eso / ☐ ese cuadro es... el sótano.

el sillón	Sessel	la aspiradora	Staubsauger
la esquina	Ecke	sobre todo	vor allem
el espejo	Spiegel	el marco	Bilderrahmen
el cuadro	Bild	colgar (o>ue)	aufhängen

17 *poco, mucho, todo, cada (uno)*

Poco, *mucho*, *otro*, *todo* und *cada* sind Indefinitbegleiter (Indefinita), die auf etwas Unbestimmtes verweisen oder eine unbestimmte Menge angeben.
Sie beziehen sich auf eine nicht näher beschriebene Person oder Sache, z. B.:

otros libros	andere Bücher	*todos los coches*	alle Autos
muchas / pocas escuelas	viele / wenige Schulen	*cada tienda*	jeder Laden

START

Jeder ist anders. Unterstreichen Sie im Text die Indefinitbegleiter.

Muchos niños hacen deporte, pero pocos niños hacen cursos de baile. Muchas chicas quieren aprender a cocinar, pero pocas chicas quieren estudiar matemáticas.
Todos los hombres ven el fútbol. Y todas las mujeres ven películas románticas. ¿Clichés? ¡Claro! Seguramente usted conoce otros clichés. Pero cada persona es diferente, cada hombre y cada mujer. Además, muchas cosas han cambiado en los roles del hombre y la mujer en la sociedad.

SEHEN

Ergänzen Sie die Tabelle.

Singular		Plural		
männlich	**weiblich**	**männlich**	**weiblich**	
mucho	mucha	______	______	viel/e
poco	poca	______	______	wenig/e
otro	otra	______	otras	andere/r, weitere/r
todo	toda	______	______	alle
______	______	–	–	jede/r/s

17 *poco, mucho, todo, cada (uno)*

VERSTEHEN

Ergänzen Sie nun die folgenden Regeln und Beispiele.

- ______ (wenig/e), ______ (viel/e) und ______ (weitere) stehen vor einem Substantiv und stimmen mit ihm überein, z. B.: ______ (wenige) *niños*, ______ (viele) *chicas*
- ______ wird mit bestimmtem Artikel und Substantiv gebraucht. Es richtet sich in Geschlecht und Zahl nach dem Bezugswort, z. B.: ______ *hombres*
- Der Begleiter ______ ist unveränderlich und wird nur im Singular gebraucht, z. B.: ______ *hombre*

! *Cada* benutzt man auch zusammen mit den unbestimmten Artikeln *uno/una*. *Cada uno/una* steht dann ohne Substantiv, d. h. als Pronomen:
Cada uno/una es diferente. Jede/r Einzelne ist anders.

ANWENDEN

1. Was hat sich geändert? Ergänzen Sie die Sätze mit den Indefinitbegleitern.

a. ______ (viele) mujeres son médicas.
b. ______ (weitere) chicas son ingenieras.
c. ______ (wenig) trabajos son solo para hombres.
d. ______ (jede) chica puede elegir sus estudios.
e. ______ (alle) padres ayudan en casa.
f. ______ (wenig) abuelos cuidan a los nietos.
g. ______ (viele) jóvenes saben cocinar.
h. ______ (eine weitere) profesión para mujeres es piloto.

Achtung, *todo* + Artikel hat in Einzahl und Mehrzahl unterschiedliche Bedeutungen:
todo el día den ganzen Tag *todos los días* jeden Tag
Otro wird, anders als im Deutschen, nie mit dem unbestimmten Artikel verwendet:
He comprado otro coche. Ich habe mir ein anderes Auto gekauft.

2. Viel Arbeit zu Hause. Ordnen Sie die Sätze.

a. Mi / todos / marido / la / cena / días / hace / los

____

b. con / Salimos / pocas / amigos / veces

____

c. tareas / tiene / en / la / uno / específicas / familia / Cada

____

d. No / en / trabajo / queremos / otro / casa

____

e. asistenta / familias / una / Muchas / tienen

____

! *Mucho* und *poco* können auch als Adverb gebraucht werden, in der Bedeutung von „viel", „sehr" bzw. „wenig". Als Adverbien sind sie unveränderlich (siehe Kapitel 13). *Un poco de* bedeutet „ein bisschen": *Un poco de pan, por favor.*

3. Hausroboter für alles. Ergänzen Sie den Artikel. Ein Wort brauchen Sie nicht!

cada otro muchas todos pocas todo muchas poco otros

Los robots de casa ya están aquí

Hoy en día ____________ familias tienen ya un robot para ayudar en las tareas domésticas. Por ejemplo, tienen un robot para limpiar, y ____________ robot para ayudar en el jardín. Para las personas que tienen ____________ tiempo, los robots son muy prácticos. Hay ____________ tareas que un robot no puede hacer, y por eso ____________ personas quieren un robot para ____________ tarea doméstica. ____________ robots muy populares son los robots para los niños. ¡____________ los niños quieren un robot para jugar!

elegir (e>i)	wählen	la asistenta	Haushaltshilfe
cuidar	aufpassen	ayudar	helfen
limpiar	putzen	la tarea doméstica	Hausarbeit

★ 18 *alguno, ninguno, alguien, algo, nadie, nada*

Alguno (irgendeiner), *ninguno* (keiner), *alguien* (jemand), *algo* (etwas), *nadie* (niemand) und *nada* (nichts) sind weitere Indefinita und beziehen sich auf eine nicht näher beschriebene Person oder Sache. Einige dieser Indefinita werden als Pronomen verwendet, stehen also ohne Substantiv, andere auch als Begleiter eines Substantivs.

*¿Hay **alguna** persona interesada en el curso?* — *No, **ninguna**.*
Ist **irgendeine** Person an dem Kurs interessiert? — Nein, **keiner**.
*¿Tienes **algo** para escribir?* — *No, no tengo **nada**.*
Hast du **etwas** zum schreiben? — Nein, ich habe **nichts**.

START

Lesen Sie die Mini-Dialoge und unterstreichen Sie die Indefinita.

◆ ¿Tienes alguna idea para este proyecto?
○ No, no tengo ninguna idea.

▲ Algunos trabajadores hablan muy bien inglés.
□ Sí, pero ningún trabajador habla chino.

✚ ¿Hay aquí alguien con conocimientos de informática?
○ No, nadie.

◆ ¿Alguno de ustedes va a la reunión?
▲ Sí, claro, Juan y yo vamos.

□ ¿Ya has leído algo sobre el tema?
○ No, nada.

SEHEN

Sehen Sie sich jetzt die unterstrichenen Wörter noch einmal an und ergänzen Sie die Tabellen.

Unbestimmte Begleiter

Singular		Plural		
männlich	weiblich	männlich	weiblich	
algún	________	________	algunas	irgendein/-e, einige
________	________	ningunos	ningunas	kein/-e

Unbestimmte Pronomen

________ /-a/-s	irgendeine/-r, einige	________	etwas
ninguno/-a/-s	keine/-r, niemand	________	niemand
________	jemand	________	nichts

VERSTEHEN

Ergänzen Sie nun die folgenden Regeln und Beispiele.

- *Alguno* und *ninguno* sind veränderliche Indefinita und richten sich ☐ nur in der Zahl ☐ in Zahl und Geschlecht nach dem Substantiv, auf das sie sich beziehen: *¿Ya has escrito ________ cartas?*
- *Alguno* und *ninguno* können ein Substantiv ☐ nur begleiten: ☐ begleiten oder ersetzen: *¿Hay aquí algún experto en informática?*
  No, ________ .
  Begleiten Sie ein Substantiv, so verkürzt sich ihre Form männlich Einzahl zu ________ bzw. ________ :
  Sí, pero ________ trabajador habla chino.
- *Alguien*, *nadie*, *algo* und *nada* sind unveränderlich. *Alguien* und *nadie* stehen für ________ . *Algo* und *nada* stehen für ________ .

! *Ninguno (ninguna)* wird fast nur im Singular verwendet.

ANWENDEN

1. **Was gibt es im Büro? Verbinden Sie die Domino-Steine in der richtigen Reihenfolge.**

silla	algunos
armario	alguna
escritorios	algunas
mesa	ningún
carpetas	ninguna

! *Algunos* und *algunas* bedeuten auf Deutsch „einige" oder „manche".
Alguno de und *ninguno de* + Pronomen/Artikel + Substantiv bedeutet „eine" oder „keine von/aus".

2. Arbeitskollegen. Kreuzen Sie jeweils die richtige Alternative an.

Mis compañeros de trabajo son muy diferentes. ☐ Algún / ☐ Algunos compañeros son muy extrovertidos y ☐ algunas / ☐ algunos son muy tímidos. A veces ☐ algún / ☐ alguno compañero puede tener estrés y estar nervioso, pero ☐ ningún / ☐ ninguno es antipático. ☐ Alguna / ☐ Algunas compañeras del departamento de informática son muy divertidas. Creo que ☐ nada / ☐ nadie en esta empresa es arrogante. Pero con los jefes es diferente. 😞 No tenemos ☐ ningún / ☐ ninguno jefe comprensivo, todos son muy estrictos. Pero bueno, en esta vida ¡☐ algo / ☐ nada es perfecto!

! *Alguno(-a/-s)* und *ninguno(-a)* können sowohl als Begleiter als auch als Pronomen benutzt werden. *Alguien*, *nadie*, *algo* und *nada* werden nur als Pronomen verwendet.

3. Ergänzen Sie die Sätze mit Indefinitbegleitern oder -pronomen und ordnen Sie dann die passende Antwort zu.

1. ___ Necesitamos un fotógrafo para el proyecto de Madrid. ¿Tú conoces a ______________?
2. ___ Vamos a comprar muebles nuevos para la oficina. ¿Nos puedes recomendar ______________ mueblería?
3. ___ ¿Hay ______________ restaurantes buenos cerca de la oficina?
4. ___ Quiero hacer ______________ fotografías de la oficina, ¿me ayudas?
5. ___ ¿Organizamos ______________ para conocer a los nuevos compañeros?

a. No, aquí cerca no hay ninguno.
b. Sí, podemos hacer algunas hoy por la tarde.
c. Sí, claro, conozco a uno. ¿Quieres el número de teléfono?
d. Sí, ¡buena idea!
e. No, lo siento, no conozco ninguna.

Wenn *ninguno*, *ningún*, *nadie* und *nada* hinter dem Verb stehen, müssen sie zusätzlich mit *no* verneint werden (siehe Kapitel 48): ***No** viene **nadie** a clases.*

4. In jedem Satz fehlt ein Wort oder es ist falsch verwendet. Korrigieren Sie die Sätze.

a. Hoy no hemos hecho ningún pausa.

____

b. El nuevo compañero quiere hacer nada.

____

c. ¿Alguno vosotros tiene tiempo para tomar un café?

____

____

d. Nada quiere trabajar con Julián.

____

e. Mañana no va alguien a la oficina, todos van a la feria.

____

____

f. Escribimos ningún correo electrónico a los clientes.

____

____

g. ¿Necesitas alguno armario para tu oficina?

____

el trabajador	Mitarbeiter	comprensivo	verständnisvoll
la reunión	Versammlung	estricto	streng
la empresa	Firma	el departamento	Abteilung

Pronomen

19 Subjektpronomen

Pronomen (Fürwörter) sind Stellvertreterwörter; man verwendet sie, um Wörter oder Sätze nicht zu wiederholen. Die Subjektpronomen stehen für das Subjekt eines Satzes und antworten auf Fragen mit „wer“:

***Yo** soy Marco*	***Ella** es Fernanda.*	***Ellos** son mis amigos.*
Ich bin Marco.	**Sie** ist Fernanda.	**Sie** sind meine Freunde.

! Subjektpronomen ersetzen im Spanischen nur Personen, nicht Sachen. Um über bereits erwähnte Sachen zu sprechen, wird im Spanischen kein Pronomen verwendet.
El libro es bueno. Es muy interesante. Das Buch ist gut. **Es** ist sehr interessant.

START

Sich und andere vorstellen. Unterstreichen Sie die Subjektpronomen.

- Hola, yo soy Blanca, la profesora de español. ¿Tú eres Mateo?
- Sí, y ella es Paula.

- Él es el profesor de inglés, Roger.
- Mucho gusto, nosotras somos Claudia y Linda.
- Hola, ¿vosotras sois alemanas?
- Sí, somos de Berlín.

- Ellos son Rolando y Carina.
- Encantada.

- ¿Usted es el nuevo profesor?
- Sí, ¿ustedes estudian aquí?

SEHEN

Vervollständigen Sie die Tabelle mit den Subjektpronomen.

	Singular		Plural	
1. Person	______	ich	nosotros / ______	wir
2. Person	______	du	vosotros / ______	ihr
3. Person	____ / ____	er/sie	______ / ellas	sie
Höflichkeitsform	______	Sie	______	Sie

VERSTEHEN

Wie lauten die Regeln? Verbinden Sie die Halbsätze.

• Bei den Pluralformen gibt es …	wird die männliche Form verwendet.
• Wenn man sich im Plural auf beide Geschlechter bezieht, …	gibt es eine Singularform und eine Pluralform.
• Für die höfliche Anrede „Sie“ …	männliche und weibliche Formen.

! Achtung, Akzente! Verwechseln Sie nicht die Subjektpronomen *tú* und *él* mit den Begleitern *tu* und *el*, die keinen Akzent tragen:

el = „der“:	*el libro*	*él* = „er“:	*Él es Juan.*
tu = „dein“:	*tu libro*	*tú* = „du“:	*¿Tú eres Juan?*

ANWENDEN

1. **Ersetzen Sie die Substantive und Namen durch Subjektpronomen.**

a. los chicos	______	e. tú y Diego	______
b. Juana María	______	f. el profesor	______
c. Luis y yo	______	g. el Sr. Flores	______
d. mis hermanas	______	h. Miguel y Tere	______

Die Subjektpronomen werden im Spanischen meistens weggelassen, da sich schon an der Endung des Verbs erkennen lässt, um welche Person es sich handelt. Man verwendet sie nur zur Hervorhebung oder um Missverständnisse zu vermeiden.

2. **Auf welche Personen aus Übung 1 beziehen sich folgende Sätze? Bei einem Satz gibt es drei Möglichkeiten!**

a. ¿Vais a hacer un curso en España? ______
b. Vamos todos los días a clases de inglés. ______
c. Es una chica muy guapa. ______
d. Trabaja en una escuela de idiomas. ______
e. Son muy simpáticas y también aprenden español. ______

! In Lateinamerika (und auch auf den Kanaren und in Andalusien) wird *ustedes* statt *vosotros* und *vosotras* verwendet.
Beispiel: Seid ihr aus Peru?
Spanien: ***¿Vosotros sois** de Perú?* Lateinamerika: ***¿Ustedes son** de Perú?*

3. **Vervollständigen Sie den Dialog mit Subjektpronomen. Bei drei Lücken ist es nicht nötig, das Subjektpronomen zu verwenden.**

◆ Mira, una foto del grupo de inglés en la Escuela Oficial de Idiomas...
_________ es la profesora.

○ ¡Qué bonita foto!

◆ Si, y _________ es Rubén, un chico de Málaga, y _________ es Nora, de Madrid.

○ ¿Y estos chicos? Son muy guapos.

◆ Sí, _________ son colombianos, estudian aquí.

○ ¿Y _______________ no estáis en la foto?

◆ Claro, _______________ también estamos en la foto. _______________ estoy al lado de Rubén, y Martín al lado de las chicas rubias.

○ ¿ _______________ también son colombianas?

◆ No, _______________ son españolas.

la escuela de idiomas	Sprachschule
al lado	neben

20 Direkte Objektpronomen

Das direkte Objektpronomen ersetzt ein bereits genanntes direktes Objekt (Akkusativobjekt). Das Pronomen beantwortet die Frage „wen?“ oder „was?“:

*¿Quién hace **las ensaladas**?* *__Las__ hace Marcela.*
Wer macht **die Salate**? Marcela macht **sie**.

START

César und Yolanda organisieren ein Treffen mit allen Kursteilnehmern. Unterstreichen Sie im Dialog die Getränke und die direkten Objektpronomen.

◆ Primero las bebidas.

○ A ver... Para beber tenemos vino, cervezas, sangría y zumos de frutas.

◆ Muy bien, ¿quién trae el vino?

○ Lo trae Cristina.

◆ Perfecto, ¿y las cervezas?

○ Las traen Rolando y Ceci.

◆ Vale, ¿y la sangría?
○ La trae Maty.
◆ ¿Y los zumos?
○ Los compro yo.
◆ Y las botellas de agua, ¿quién va a traerlas?
○ Mmm... no lo sé. Voy a preguntar y te llamo hoy por la noche.
◆ Vale, pero me llamas a casa, no al móvil.

SEHEN

Tragen Sie jetzt die markierten Objektpronomen in die Tabelle ein.

	Singular		Plural	
1. Person	________	mich	nos	uns
2. Person	________	dich	os	euch
3. Person	________	ihn / Sie ♂	________	sie / Sie ♂
	________	sie / Sie ♀	________	sie / Sie ♀

VERSTEHEN

Ergänzen Sie nun die Regeln mit der jeweils richtigen Option.

- Die direkten Objektpronomen für die 1. und 2. Person Singular und Plural stehen nur für ☐ Personen. ☐ Sachen. Sie lauten genau wie die unbetonten indirekten Objektpronomen (siehe nächstes Kapitel).
- Die direkten Objektpronomen *lo* und *la* werden verwendet, um eine Person oder Sache zu ersetzen. Dabei steht ________ für männliche und ________ für weibliche Personen oder Sachen.
- Die Objektpronomen ________ und ________ ersetzen männliche bzw. weibliche Substantive im Plural.
- Das direkte Objektpronomen steht immer ☐ vor ☐ nach dem konjugierten Verb.

! Beginnt ein Satz mit einem direkten Objekt, wird dieses mit dem direkten Objektpronomen noch einmal aufgenommen.
*El libro **lo** compro yo.* Das Buch kaufe ich.

ANWENDEN

1. **Die Vorbereitungen gehen weiter. Worauf beziehen sich diese Sätze?**

las servilletas los platos el jamón el zumo la tarta las patatas bravas

a. Lo servimos en estos vasos. ____________

b. Elena va a traerlas. ____________

c. La ponemos en esta mesa. ____________

d. Lo compra Mauricio. ____________

e. Las hace Marta, las hace muy ricas. ____________

f. Ahí en la mesa, ¿los ves? ____________

Bei Konstruktionen mit Infinitiv kann man im Spanischen die Objektpronomen direkt an den Infinitiv anhängen:
*Y las botellas de agua, ¿quién va a traer**las**?*

2. **Beim Kennenlern-Treffen. Ergänzen Sie die Sätze mit den richtigen direkten Objektpronomen.**

a. Qué rica ensalada, ¿tú ________ has preparado?

b. ¿Y Pedro? ¿No ________ habéis invitado?

c. ¿Dónde están las copas para el vino? No ________ encuentro.

d. Alex y Pau, ¿dónde estáis? Todos ________ buscan.

e. Qué bonita música, ¿vosotros ________ habéis elegido?

f. ¿Eric ya está aquí? No ________ veo.

g. ¿Quieres probar los pimientos? ________ he hecho yo.

! Das direkte Objektpronomen *lo* kann sich auch auf einen ganzen Sachverhalt beziehen und wird dann im Deutschen mit „es" übersetzt.

¿Quién va a traer las botellas de agua?	*No **lo** sé.*
Wer wird die Flaschen mit Wasser mitbringen?	Ich weiß **es** nicht.

3. **Lieblings-Tapas. Im Text fehlen die direkten Objektpronomen. Ergänzen Sie sie.**

Para las fiestas yo preparo mis tres tapas favoritas: albóndigas, calamares y tortilla. Normalmente ________ preparo un día antes. Por la mañana compro los ingredientes en el mercado, ________compro allí

porque me gustan las cosas frescas. Primero hago las albóndigas. ________ preparo en salsa de tomate, muy ricas. Después preparo la tortilla, ________ hago solo con patatas y huevos, muy simple. Y por último, los calamares. ________ hago rebozados, ¡deliciosos! ¿Quieres más recetas? ________ invito a visitar mi blog "Tapas y fiestas".

4. **Ergänzen Sie die Sätze mit den angegebenen Objektpronomen.**

a. Malena ________ (uns) invita a una fiesta.
b. Pepe quiere una guitarra, ¿tú ________ (sie) traes?
c. Necesitamos unas botellas de agua, ¿tú ________ (sie) compras?
d. La música está muy fuerte, no ________ (dich) escucho.
e. Chicos, ¿ ________ (euch) vemos en la fiesta?
f. Mis amigos ________ (mich) visitan el fin de semana.
g. ¿El café? Yo ________ (ihn) hago.

traer	mitbringen	la albóndiga	Fleischbällchen
servir (e>i)	servieren	los ingredientes *pl*	Zutaten
elegir (e>i)	wählen	rebozado	*hier:* im Backteig
el pimiento	Paprika		

21 Indirekte Objektpronomen

Das indirekte Objektpronomen entspricht im Deutschen einem Dativpronomen und ersetzt ein Dativobjekt („wem?" oder „was?").
***Me** gustan los libros de Julia Navarro.*
Mir gefallen die Bücher von Julia Navarro.
Im Spanischen unterscheidet man zwischen betonten und unbetonten indirekten Objektpronomen und oft stehen beide Formen zusammen in einem Satz:
*Un libro, **me** parece una buena idea.* (unbetont)
*Un libro, **a mí me** parece una buena idea.* (betont)

21 Indirekte Objektpronomen

START

Geschenk zum Hochzeitstag. Unterstreichen Sie im Chat die unbetonten und betonten indirekten Objektpronomen.

¡Hola! El sábado es el aniversario de Magda y Julio, ¿qué les regalamos?

Les podemos regalar un vale para una cena romántica.

Pero a Julio no le gustan los restaurantes.

¿Qué tal si les regalamos un paseo en globo? A ella le encantan las aventuras.

Un paseo en globo me parece buena idea, muy original.

¿No os parece un poco caro?

A mí me parece muy caro. Voy a buscar ideas en internet…

SEHEN

Ergänzen Sie die Tabellen nun mit den markierten indirekten Objektpronomen.

Unbetonte indirekte Objektpronomen

	Singular		**Plural**	
1. Person	______	mir	nos	uns
2. Person	te	dir	______	euch
3. Person	______	ihm	______	ihnen ♂
	______	ihr	les	ihnen ♀
Höflichkeitsform	le	Ihnen	les	Ihnen

Betonte indirekte Objektpronomen

	Singular		Plural	
1. Person	______	mir	a nosotros/-as	uns
2. Person	a ti	dir	a vosotros/-as	euch
3. Person	a él	ihm	a ellos	ihnen ♂
	______	ihr	a ellas	ihnen ♀
Höflichkeitsform	a usted	Ihnen	a ustedes	Ihnen

VERSTEHEN

Vervollständigen Sie die Regeln und Beispiele.

- Indirekte Objekte folgen häufig Verben wie ______ (gefallen), *encantar*, ______ (scheinen), *interesar*, *doler*.

Unbetonte indirekte Pronomen

- Das unbetonte indirekte Objektpronomen steht ☐ vor ☐ nach dem konjugierten Verb.
- Die Unterschiede zu den direkten Objektpronomen (siehe Kapitel 20) werden bei den unbetonten Pronomen nur in den ☐ 1. ☐ 2. ☐ 3. Personen deutlich.

Betonte indirekte Pronomen

- Bei betonten indirekten Objektpronomen werden, außer bei der ____ und ____ Person Singular, die Subjektpronomen (siehe Kapitel 19) verwendet.
- Diese stehen als Objektpronomen immer zusammen mit der Präposition ______, auch bei einem Namen oder dem Fragewort *quién* am Satzanfang.
  ______ *Julio no le gustan los restaurantes.*
  ¿ ______ *quién no le gustan los restaurantes?*
- Die betonten indirekten Objektpronomen verwendet man, um eine Person besonders hervorzuheben, und in Sätzen ohne Verb:
  ◆ ________ *me parece muy caro.* (Hervorhebung)
  ○ ________ *también.* (kein Verb)

- In Sätzen mit Verb stehen die betonten indirekten Objektpronomen ☐ allein. ☐ nicht allein. Sie brauchen immer die unbetonten Objektpronomen, denen sie vorangestellt werden:

◆ *A mí me parece un poco caro.*
○ *~~A mí parece~~ también un poco caro.* (Falsch!)
○ *A mí me parece también un poco caro.* (Richtig!)

Im Spanischen wird das unbetonte indirekte Objektpronomen oft auch zusammen mit dem indirekten Objekt verwendet:
*Yo **le** regalo un libro **a Roberto**.* Ich schenke Roberto ein Buch.
Im Deutschen wird in einem solchen Satz kein Pronomen verwendet.

ANWENDEN

1. **Schenken ist nicht immer einfach. Ergänzen Sie den Text mit den unbetonten indirekten Objektpronomen.**

les le me le nos

Hoy hablamos de regalos. Yo siempre regalo las mismas cosas. A mi madre ______ regalo flores, a mi hermana ______ regalo bombones, a mis amigos ______ regalo botellas de vino. Mi madre tampoco es muy original con los regalos, a mi hermana y a mí siempre ______ regala jerseys. Y mi hermana siempre ______ regala a mí libros. Y vosotros, ¿tenéis ideas más originales?

2. **Gute Idee! Kreuzen Sie die richtigen Optionen an.**

a. ◘ A mí ☐ gustan / ☐ me gustan las novelas románticas, ¿ ☐ a ti / ☐ tú también?
● Sí, pero también ☐ me / ☐ mí interesan las novelas históricas.
◘ Entonces para tu cumpleaños ☐ a ti / ☐ te voy a regalar “Patria”.

b. ◆ Carla, ¿qué ☐ me / ☐ te parece este jersey para Sofía?
   ○ A ver... ☐ yo / ☐ me gusta mucho, es muy bonito.

c. ◆ ¿ ☐ Le / ☐ Les regalamos a Mario una sesión de spa relajante de Rualka? A él siempre ☐ le / ☐ te duele la espalda.
   ○ Sí, buena idea.

d. ◘ Tengo una idea, a Nacho y Cata ☐ le / ☐ les podemos regalar entradas para el cine.
   ● ¡Perfecto! ☐ Ellos le / ☐ A ellos les encanta el cine.

Bei Konstruktionen mit Infinitiv kann man die Objektpronomen an den Infinitiv anhängen:
*Mi madre **me** va a regalar un libro. = Mi madre va a regalar**me** un libro.*

3. Verbinden Sie die richtigen Satzteile miteinander.

1. Eric, me	a. leo un cuento a mis hijos por las noches.
2. A mí	b. te gusta bailar, ¿verdad?
3. Yo les	c. traes un café, ¿vale?
4. A nosotros	d. me encanta beber cava.
5. A ti	e. regala una bicicleta eléctrica a su novio.
6. A vosotros	f. nos interesan los deportes.
7. Sofía le	g. no os parece buena idea ir al fútbol, ¿verdad?

4. Unbetonte oder betonte Pronomen, oder sind beide Formen nötig? Ergänzen Sie die Sätze mit den passenden indirekten Objektpronomen.

◆ Vicky, ¿qué ______ (te / a ti) han regalado tus hijos por el día de la madre?
○ ________ (me / a mí) han regalado flores, ¿y ________ (te / a ti)?
◆ ________ (me / a mí) nada, pero a su abuela ________ (le / a ella le) han regalado un perfume.
○ ¿Y por qué __________ (le / a ella le) han comprado un regalo a su abuela y __________ (te / a ti) no?
◆ Porque yo ________________ (les / a ellos les) he dicho a los chicos que no quiero regalos.
○ ¿De verdad?

◆ Sí. ________________ (a mí no / a mí no me) gusta la celebración del Día de la Madre, pero con la abuela es diferente, ________________ (le / a ella le) encanta el Día de la Madre.

○ Pues _______ (me / a mí) también _______ (me / a mí) gusta mucho.

el aniversario	*hier:* Hochzeitstag	la novela	Roman
el vale	Gutschein	relajante	entspannend
el paseo en globo	Heißluftballonfahrt	la celebración	Feier
el jersey	Pullover	el Día de la Madre	Muttertag

★ 22 Kombination direkter und indirekter Objektpronomen

Im Spanischen können – wie im Deutschen auch – direkte und indirekte Objektpronomen zusammen in einem Satz vorkommen:
*Mi amiga **me** escribe una carta desde Bogotá.*
Meine Freundin schreibt **mir** einen Brief aus Bogotá.
*Mi amiga **me la** escribe desde Bogotá.*
Meine Freundin schreibt **ihn mir** aus Bogotá.

START

Eine Webseite für originelle Geschenke. Unterstreichen Sie im Blogeintrag alle direkten und indirekten Objektpronomen.

elregalador.com

elregalador.com es una página de internet para encontrar regalos originales. Primero buscas los regalos por tema o por ocasión y los eliges. Después los pides, y ellos te los envían por correo. Yo ya la he usado y funciona muy bien. He comprado un vino personalizado para mi padre. Me lo han enviado en tres días, y a mi padre le ha encantado. Me parece una buena idea y por eso os lo cuento.

SEHEN

Ergänzen Sie jetzt in der Tabelle die Beispiele für Sätze mit Pronomen.

Sätze mit direkten Objektpronomen	los		eliges	du wählst sie
	____		pides	du bestellst sie
	____		he usado	ich habe sie benutzt
Sätze mit indirekten Objektpronomen	le		ha encantado	es hat ihm sehr gut gefallen
	____		parece buena idea	ich finde es eine gute Idee
Sätze mit zwei Pronomen	te	los	envían	sie schicken sie dir
	____	____	han enviado	sie haben es mir geschickt
	____	____	cuento	ich erzähle es euch

VERSTEHEN

Wählen Sie die korrekte Option der Regel.

- Gibt es in einem Satz zwei Pronomen, so steht das indirekte Objektpronomen (Dativ) ☐ vor ☐ nach dem direkten Objektpronomen (Akkusativ):

  te ____ envían

  Achtung: Im Deutschen ist die Reihenfolge umgekehrt!
- Objektpronomen stehen immer ☐ vor ☐ nach dem konjugierten Verb und sie stehen immer zusammen:

  ***Me lo** han enviado por correo.* (Richtig!)

  Me ~~han lo~~ enviado. / Han ~~me lo~~ enviado por correo. (Falsch!)

! Die indirekten Objektpronomen der 3. Person *le* und *les* werden vor den direkten Objektpronomen der 3. Person *lo*, *la*, *los*, *las* zu *se*. An einen Infinitiv oder ein *gerundio* (siehe Kapitel 41) können die indirekten und direkten Objektpronomen angehängt werden:

◆ *¿A quién **le** vas a regalar el vino?*

○ ***Se lo** voy regalar a mi padre.* Oder: ○ *Voy a regalár**selo** a mi padre.*

◆ *¿A quién le estás preparando ese pastel?*

○ ***Te lo** estoy preparando a ti.* Oder: ○ *Estoy preparándo**telo** a ti.*

22 Kombination direkter und indirekter Objektpronomen

ANWENDEN

1. **Wer schenkt was? Ergänzen Sie die Sätze mit diesen Pronomen:**

sela te lo se las me lo nos la

a. Mira estas flores, ____________________ vamos a regalar a Valentina.

b. Rosi, ¡qué bonito anillo llevas! ¿Quién ____________________ ha regalado?

c. Nos gusta mucho esta planta, __________ __________ ha regalado Fabián.

d. Tenemos una tarjeta de cumpleaños para Héctor, vamos a enviár____________________ hoy.

e. Este es mi vino favorito, ____________________ ha regalado mi hijo.

2. **Die Pronomen sind am falschen Platz. Ordnen Sie sie.**

a. Hola, en la página regalarconarte.es hay muy buenas ideas para envolver regalos, **la** recomiendo **te**.

____

____

b. Ya tenemos la información del regalo, Felipe ha **nos la** dado.

____

____

c. Pablo, este set de copas de vino, **se** podemos **lo** regalar a Miriam, ¿piensas que es buena idea?

____

____

d. Gina, necesito celo y tijeras para envolver el regalo, ¿**los me** dejas, por favor?

____

____

e. Luisa y Cati ya tienen la dirección de la fiesta. **La se** he enviado por WhatsApp.

____

____

3. Wer schenkt wem was? Kreuzen Sie die richtige Übersetzung an.

a. ◆ ¿La tableta?
○ *Ich habe es meiner Mutter gekauft.*
☐ Se la he comprado a mi madre.
☐ Le la he comprado a mi madre.

b. ▫ ¿El ordenador?
● *Ich habe ihn meinem Sohn gekauft.*
☐ Se lo he comprado a mi hijo.
☐ Le lo he comprado a mi hijo.

c. ■ ¿Los libros de Ruiz Zafón?
▫ *Meine Eltern haben sie mir gekauft.*
☐ Mis padres me los han comprado.
☐ Mis padres se los han comprado.

d. ■ ¿Las entradas para el festival Primavera Sound?
◆ *Ana hat sie uns geschenkt.*
☐ Ana las ha regalado a nos.
☐ Ana nos las ha regalado.

e. ● ¿Los billetes para Barcelona?
○ *Ich werde sie euch schenken.*
☐ Yo os voy a regalar los.
☐ Yo os los voy a regalar.

f. ● ¿El perfume?
■ *Du hast es mir geschenkt!*

☐ ¡Tú me lo has regalado!
☐ ¡Tú te lo has regalado!

la ocasión	Gelegenheit	contar (o>ue)	erzählen
elegir (e>i)	wählen	el anillo	Ring
pedir (e>i)	bestellen	el celo	*hier:* Klebeband
enviar	schicken	envolver (o>ue)	einpacken

Fragewörter

23 Unveränderliche Fragewörter

Fragewörter, auch Interrogativa genannt, fragen nach bestimmten Informationen oder Sachverhalten. Im Spanischen gibt es unveränderliche und veränderliche Fragewörter (siehe auch Kapitel 24). Unter den unveränderlichen gibt es einige, die mit Präposition benutzt werden.

*¿**Qué** significa "economía"?*	**Was** bedeutet „economía"?
*¿**Cómo** te llamas?*	**Wie** heißt du?
*¿**De dónde** es tu novia?*	**Woher** kommt deine Freundin?

Im Spanischen steht bei Fragen ein Fragezeichen am Anfang und am Ende des Fragesatzes. Am Anfang steht ein umgekehrtes Fragezeichen: *¿De dónde eres?*
Beginnt die Frage innerhalb eines Satzes, kann *¿* auch mitten im Satz stehen:

Paco, ¿tú eres de Salamanca?	Paco, kommst du aus Salamanca?
Tú eres Juan, ¿verdad?	Du bist Juan, oder?

START

Sergio füllt einen Fragebogen aus für die Fernsehsendung „Españoles en el mundo". Lesen Sie die Fragen und Antworten und unterstreichen Sie die Fragewörter.

¿De dónde eres?	De Madrid.
¿Dónde vives?	En Monterrey.
¿Por qué vives en esta ciudad?	Porque mi novia es mexicana.
¿Desde cuándo vives aquí?	Desde 2015.
¿Qué haces?	Trabajo en un hotel.
¿Cómo vas al trabajo?	En coche.
¿Cuándo haces deporte?	Por las noches.
¿A dónde te gusta viajar en verano?	A la playa.
¿Para qué viajas a otros países?	Para vivir experiencias nuevas.

! Achtung, nicht verwechseln:
Das Fragewort *por qué* (warum) wird getrennt geschrieben!
Das zusammengeschriebene *porque* bedeutet „weil" und ist eine Konjunktion.

SEHEN

Ergänzen Sie die Tabelle mit den Fragewörtern des Fragebogens.

Fragt nach ...		
Sachen und Tätigkeiten	____________	was, welche/r/s
dem Grund	____________	warum
dem Ziel einer Handlung	____________	wozu, wofür
der Art und Weise	____________	wie
dem Ort	____________	wo
dem Ursprung	____________	woher
dem Ziel/der Richtung	____________	wohin
der Zeit	____________	wann
dem Zeitraum	____________	seit wann

VERSTEHEN

Ergänzen Sie folgende Sätze und Beispiele:

- Alle Fragewörter werden immer mit einem ________ auf der betonten Silbe geschrieben.
- *Dónde* wird auch zusammen mit Präpositionen verwendet, z. B.: ________ *dónde* und ________ *dónde* (oder auch *adónde* geschrieben).
- *Cuándo* wird auch mit Präpositionen verwendet, z. B.: ________ *cuándo*.

ANWENDEN

1. **In diesen Fragen an Sergio sind die Fragewörter durcheinandergeraten. Schreiben Sie das richtige Fragewort zu jeder Frage in die Lücke.**

a. ◆ Sergio, ¿cuándo ____________ viven tus padres?
  o En Madrid.

b. ◆ ¿Por qué ____________ se llama tu novia?
  o Verónica.

c. ◆ ¿Qué ______________ trabajas en el hotel?
  ○ Desde enero.

d. ◆ ¿Desde cuándo ______________ hace tu novia?
  ○ Estudia Marketing.

e. ◆ ¿Dónde ______________ no estudias?
  ○ Porque quiero ganar dinero.

f. ◆ ¿Qué ______________ visitas a tus padres?
  ○ En diciembre.

g. ◆ ¿Cómo ______________ te gusta de Monterrey?
  ○ La gente y las montañas.

! *Qué* wird auch in Ausrufen verwendet, z. B.: *¡Qué suerte!* „Was für ein Glück!" Und mit *¿qué tal?* fragt man „Wie geht's?".

2. Sergio besucht seine Familie in Madrid. Ergänzen Sie seine E-Mail mit den richtigen Fragewörtern.

por qué   dónde   cuándo   de dónde   cómo   qué

Hola, Vero:

¿Qué tal? Aquí en Madrid todo bien, pero mis amigos me hacen siempre las mismas preguntas: ¿ __________ es la vida en Monterrey?, ¿ __________ haces los fines de semana?, ¿ __________ juegas al fútbol? Y mi familia también tiene muchas preguntas: ¿ __________ vives en un piso compartido?, ¿ __________ son tus compañeros de piso?, ¿de otras ciudades?, ¿ __________ regresas a Madrid?

Bueno, ahora voy a dormir, estoy muy cansado. Mañana te llamo.

Un beso,

Sergio

3. Sergios Freundin hat auch Fragen. Ordnen Sie die Wörter zu Fragesätzen.

a. ¿ vas / domingo / el / hacer / a / qué ?

____

b. ¿ me / por / todos / qué / no / los / días / escribes ?

____

c. ¿ a / vas / noches / todas / dónde / las ?

____

d. ¿ tus / dónde / amigos / viven ?

____

e. ¿ en / cómo / el / Madrid / está / tiempo ?

____

ganar dinero	Geld verdienen	el compañero de piso	Mitbewohner
mismas *pl*	gleiche	regresar	zurückkehren
el piso compartido	Wohngemeinschaft	el tiempo	Wetter

24 Veränderliche Fragewörter

Cuál, *quién* und *cuánto* sind veränderliche Fragewörter:

*¿**Cuál** es tu restaurante favorito?* **Welches** ist dein Lieblingsrestaurant?

*¿**Cuáles** son tus platos favoritos?* **Welche** sind deine Lieblingsgerichte?

START

Mexiko-Quiz. Unterstreichen Sie die Fragewörter und verbinden Sie die Fragen mit den passenden Antworten.

1. ¿Quiénes son los pintores más famosos de México?
2. ¿Cuál es la bebida favorita de los mexicanos?
3. ¿Cuántas lenguas indígenas se hablan en México?
4. ¿Cuáles son los deportes más populares en México?
5. ¿Cuántos kilómetros tiene la frontera entre México y Estados Unidos?
6. ¿Quién es Alondra de la Parra?

a. El fútbol, el boxeo y el béisbol.
b. El tequila.
c. Una directora de orquesta mexicana.
d. Frida Kahlo y Diego Rivera.
e. 3185 km.
f. 67 lenguas.

24 Veränderliche Fragewörter

SEHEN

Ergänzen Sie jetzt die Tabelle mit den Fragewörtern aus dem Quiz.

Fragt nach ...	Singular	Plural	
Personen	______	______	wer
Sachen und Personen in einer auswählenden Art	______	______	welche/r/s
der Menge oder Anzahl	*cuánto*	______	wie viel/e
	cuánta	______	

VERSTEHEN

Ergänzen Sie nun die Regeln und Beispiele.

- Anders als im Deutschen wird bei Fragen nach Personen zwischen Singular und Plural unterschieden: *Quién* fragt nach einer Person, nach mehreren Personen fragt man mit ______ :

  ¿ ______ son los pintores más famosos de México?
- *Cuál* wird anstelle eines Substantivs gebraucht, wenn man aus einer Menge gleicher Dinge eine Auswahl trifft. Fragt man dabei nach mehreren Dingen, so benutzt man die Pluralform ______ :

  ¿ ______ son los deportes más populares en México?
- Die Endung von *cuánto* richtet sich in Geschlecht und Zahl nach dem ______ , das folgt: *¿Cuánto dinero necesitas?*

  ¿ ______ lenguas indígenas se hablan en México?

  Aber bei einem Verb steht *cuánto* (unveränderlich): *¿Cuánto ganas?*

! Mit *qué* + Verb (was) fragt man nach allgemeinen Informationen oder nach ungleichen Dingen:

¿Qué quieres, tequila o cerveza? Was möchtest du, Tequila oder Bier?

Mit *qué* + Substantiv (welche/r/s, was für ein/e/r/s) oder *cuál/cuáles* + Verb (welche/r/s) identifiziert man ein oder mehrere Dinge innerhalb einer Gruppe:

Tengo vino tinto y vino blanco, ¿cuál prefieres? Ich habe Rotwein und Weißwein, welchen bevorzugst du?

ANWENDEN

1. **Weitere Fragen zu Lateinamerika. Kreuzen Sie die richtige Option an und ordnen Sie die Antworten zu. Zwei bleiben übrig.**

1. ___ ¿ ☐ Quién / ☐ Quiénes son los hombres más ricos de Latinoamérica?
2. ___ ¿ ☐ Cuál / ☐ Cuáles es el monumento más visitado de México?
3. ___ ¿ ☐ Cuántos / ☐ Cuántas días de vacaciones tienen en Chile?
4. ___ ¿ ☐ Cuánto / ☐ Cuántos ganan los futbolistas en Argentina?
5. ___ ¿ ☐ Quién / ☐ Quiénes es Mario Vargas Llosa?
6. ___ ¿ ☐ Cuál / ☐ Cuáles son las playas más bonitas de Colombia?
7. ___ ¿ ☐ Cuántos / ☐ Cuántas personas visitan el Canal de Panamá al año?

a. La ciudad maya de Chichen-Itzá.
b. Carlos Slim y Jorge Paulo Lemann.
c. Para mí, las del Caribe.
d. Un escritor peruano.
e. ¡Mucho dinero!
f. Machu Picchu.
g. Un músico chileno.
h. 15 días.
i. Un millón.

2. **Fragen, um jemanden besser kennenzulernen. Ergänzen Sie die Fragen mit *qué*, *cuál* oder *cuáles*.**

Para conocer mejor a una persona usted puede hacer estas preguntas:

a. ¿ __________ tipo de música le gusta escuchar?
b. ¿ __________ es su libro favorito?
c. Novelas románticas o novelas policíacas, ¿ __________ prefiere usted?
d. En las vacaciones, ¿ __________ prefiere: visitar museos o ir a la playa?
e. ¿ __________ películas ha visto más de una vez?
f. De estos juegos, ¿ __________ le gusta más, Monopoly o Scrabble?

3. **Vero und Sergio planen ihren Urlaub. Ergänzen Sie Sergios Fragen mit dem passenden Fragewort: *qué*, *quién*, *cuál*, *cuánto* oder *cuántas*. Ordnen Sie die Fragen dann Veros Antworten zu.**

¿Y tú ______ prefieres?

¿ ______ hace las reservas?

¿ ______ te gusta más?

???

¿ ______ cuesta?

¿ ______ noches?

¿ ______ tipo de alojamiento?

¿ ______ incluye?

- ○ Sergio, mira esta oferta de viaje.
- a. ◆ ______ ○ Solo 300 euros.
- b. ◆ ______ ○ Cuatro noches.
- c. ◆ ______ ○ Avión y alojamiento.
- d. ◆ ______ ○ Puedes elegir entre hotel y apartamento.
- e. ◆ ______ ○ Yo prefiero un hotel, y mira, hay dos opciones: Hotel Nelia o Club Ned.
- f. ◆ ______ ○ Mmm... Club Ned parece muy bonito.
- ◆ Vale. ○ ¿Entonces...?
- g. ◆ ______ ○ Yo. ¡Ahora mismo!

la frontera	Grenze	el alojamiento	Unterkunft
ganar	verdienen	elegir (e>i)	wählen
al año	pro Jahr	incluye (*incluir*)	beinhaltet
la novela policíaca	Kriminalroman	ahora mismo	jetzt gleich

Verben: Gegenwart

Mit dem Präsens (Gegenwart) werden wie im Deutschen Handlungen in der Gegenwart geschildert.

25 Die regelmäßigen Verben auf *-ar, -er* und *-ir*

Spanische Verben bestehen aus einem Stamm und einer Endung:
hablar → *habl-* (Stamm) + *-ar* (Endung).
Nach ihrer Infinitivendung werden die spanischen Verben in drei Gruppen eingeteilt: Verben auf *-ar*, *-er* und *-ir*.

*habl**ar***	*com**er***	*viv**ir***
sprechen	essen	leben

Bei allen regelmäßigen Verben einer Gruppe werden an den Verbstamm dieselben Endungen für die Personen angehängt.

START

Das moderne Leben. Unterstreichen Sie in den Minidialogen die Verben im Präsens.

◆ ¿Usted trabaja en una oficina, o desde casa?
○ Yo trabajo en una oficina, pero a veces mi marido y yo trabajamos juntos desde casa, por internet.

□ ¿Vosotros escribís postales en las vacaciones?
● No. Escribimos mensajes y enviamos fotos por WhatsApp.

● ¿Tú aprendes un idioma nuevo por internet?
○ Yo no aprendo por internet, pero mis padres sí, ellos aprenden inglés con un tutor en línea.

! Im Spanischen wird bei der Verneinung das Wort *no* vor das konjugierte Verb gestellt (siehe Kapitel 48):

*Yo **no** aprendo inglés.* Ich lerne **nicht** Englisch.

25 Die regelmäßigen Verben auf *-ar, -er* und *-ir*

SEHEN

Ergänzen Sie die Tabelle mit den Verbformen, die Sie unterstrichen haben.

	Verben auf -ar	**Verben auf -er**	**Verben auf -ir**
	trabajar arbeiten	**aprender lernen**	**escribir schreiben**
yo	___	___	escrib**o**
tú	trabaj**as**	___	escrib**es**
él / ella /usted	___	aprend**e**	escrib**e**
nosotros/-as	___	aprend**emos**	___
nosotros/-as	trabaj**áis**	aprend**éis**	___
ellos / ellas / ustedes	trabaj**an**	___	escrib**en**

VERSTEHEN

Ergänzen Sie folgende Regeln zur Bildung der regelmäßigen Verbformen.

- Alle regelmäßigen Verben mit der Infinitivendung *-ar* werden im Präsens wie das Verb ___ gebildet, alle mit der Infinitivendung *-er* werden wie das Verb ___ gebildet und alle mit der Endung *-ir* wie das Verb ___.
- Die Verben auf *-er* und *-ir* bilden fast alle Formen gleich, nur die Formen für *nosotros* und ___ bilden sie unterschiedlich.
- Alle regelmäßigen Verben enden im Präsens für *yo* auf ___.
- Die Subjektpronomen (siehe Kapitel 19) werden im Spanischen oft weggelassen, weil man schon an der Verbendung erkennt, um welche Person es sich handelt:

  ***Escribimos** mensajes...* **Wir schreiben** Nachrichten ...

! Zur Erhaltung der Aussprache des Verbstammes ändert sich bei einigen Verben in der 1. Person Singular *(yo)* die Schreibweise:
escoger (auswählen) → *escojo* *convencer* (überzeugen) → *convenzo*

ANWENDEN

1. **Ordnen Sie die Verben den richtigen Gruppen zu und ergänzen Sie das entsprechende Subjektpronomen.**

~~cantáis~~ viajamos vendes recibís abres comprende desayuno como toman ayudáis planeamos escoge vivimos convencen decido suben

Verben auf -ar		Verben auf -er		Verben auf -ir	
cantáis	vosotros	___	___	___	___
___	___	___	___	___	___
___	___	___	___	___	___
___	___	___	___	___	___
___	___	___	___	___	___
___	___				

2. **Immer online. Setzen Sie im Interview die Verben in die richtige Form.**

- ○ Marcelo, ¿tú ___ (estudiar) en la biblioteca normalmente?
- □ No. Yo no ___ (estudiar) en la biblioteca. Yo ___ (aprender) con vídeos en línea.
- ○ ¿Tú ___ (leer) libros?
- □ Sí, yo ___ (leer) en mi móvil.
- ○ ¿___ (viajar) con tus padres?
- □ No. Yo ___ (viajar) con mis amigos. Nosotros ___ (organizar) todo por internet.
- ○ ¿___ (hablar) por teléfono con tus amigos?
- □ No. Mis amigos no ___ (usar) el móvil para hablar. Ellos ___ (escribir) mensajes y ___ (enviar) fotos y vídeos. Yo solo ___ (hablar) por teléfono con mis padres.

3. Ergänzen Sie den Text mit den passenden Formen von *cocinar*, *correr*, *escuchar*, *comprar*, *leer*, *fumar* und *vivir*.

Ahora todos somos muy modernos. Mis padres ________________ en una casa inteligente. Mi amiga Sonia ________________ todas las comidas con su robot de cocina. Marcelo y Daniel ________________ música por internet. Víctor solo ________________ en la cinta. Yo ahora ________________ libros electrónicos. ¿Y tú? ¿ ________________ todo por internet? ¿ ________________ cigarrillos electrónicos?

4. Finden Sie die folgenden Verbformen im Gitternetz:

a. contrario de "cerrar" (Infinitiv)
b. tú – viajar
c. usted – cantar
d. yo – beber
e. él – buscar
f. es malo para la salud (Infinitiv)
g. tú – correr
h. ellas – comer

A	B	R	I	R	V
S	E	F	G	Z	I
I	B	U	S	C	A
C	O	M	E	N	J
L	C	A	N	T	A
C	O	R	R	E	S

desde casa	von zu Hause	por internet	per Internet, online
la postal	Postkarte	la cinta	*hier:* Laufband

26 Verben mit Änderungen im Stammvokal

Im Spanischen gibt es unregelmäßige Verben, die in den stammbetonten Formen (1., 2. und 3. Person Singular und 3. Person Plural) den Stammvokal ändern:

querer → yo quiero	*volver → yo vuelvo*	*pedir → yo pido*
wollen, lieben	zurückkehren	bitten

Solche Verben lassen sich in Gruppen mit jeweils gleichen Unregelmäßigkeiten zusammenfassen. Die Endungen bilden auch diese Verben entsprechend der drei regelmäßigen Konjugationsgruppen (siehe Kapitel 25), denn in allen drei Verbgruppen kommen solche Unregelmäßigkeiten vor.

START

Unterstreichen Sie im Chat die Verbformen von *querer*, *volver* und *pedir*.

¿Qué quieres hacer hoy por la noche?

Quiero ir al cine, pero quiero volver temprano a casa.

¿A qué hora quieres volver?

A las 9 o 10... y si quieres podemos pedir algo para cenar en casa. Tú pides siempre comida con Resto-In, ¿verdad?

Buena idea 😃, yo siempre pido comida con Resto-In cuando vuelvo tarde a casa.

Vale, primero al cine, y después volvemos a casa y pedimos la cena. 😃

Oscar y Alicia también quieren ir al cine con nosotros.

¡Súper! 😃

SEHEN

Ergänzen Sie die Tabelle mit den Verbformen, die Sie unterstrichen haben.

	querer **lieben, wollen**	volver **zurückkehren**	pedir **bitten, bestellen**
yo	______	______	______
tú	______	vuelves	______
él / ella / usted	quiere	vuelve	pide
nosotros/-as	queremos	______	______
vosotros/-as	queréis	volvéis	pedís
ellos / ellas / ustedes	______	vuelven	piden

Verben mit Änderungen im Stammvokal

VERSTEHEN

Ergänzen Sie jetzt die folgenden Regeln.

- Bei Verben wie *querer* wird das *e* im Verbstamm zu ________ .
- Bei Verben wie *volver* wird das *o* im Stamm zu ________ .
- Bei Verben wie *pedir* wird das *e* zu ________ . Diese Vokaländerung im Verbstamm kommt nur in der Gruppe der Verben auf *-ir* vor.
- Bei den Pluralformen ☐ *nosotros* und *vosotros* ☐ *nosotros*, *vosotros* und *ellos* gibt es keinen Vokalwechsel. Das *e* bzw. *o* im Verbstamm bleibt erhalten.

! In den Gruppen *e → ie* und *o → ue* gibt es Verben aller drei Konjugationsgruppen (*-ar*, *-er* und *-ir*).

ANWENDEN

1. Ordnen Sie diese Verben dem richtigen Karteikärtchen zu.

almorzar cerrar repetir empezar contar seguir dormir preferir encontrar pensar elegir recomendar servir poder corregir

Gruppe e → ie	Gruppe o → ue	Gruppe e → i
________	________	________
________	________	________
________	________	________
________	________	________
________	________	________

2. Resto-In. Ergänzen Sie den Text mit sechs Verben aus Übung 1.

Si tú ____________ comer en casa, pero sin cocinar, yo ____________ Resto-In. En esta página de internet tú ____________ ofertas de muchos restaurantes y tú ____________ el restaurante y la comida. También ____________ bajar la app de Resto-In en tu móvil. Yo ____________ que Resto-In es una buena opción para comida a domicilio.

! Bei einigen Verben der Gruppe *e → i*, die im Infinitiv auf *-gir* oder *-guir* enden, gibt es in der *yo*-Form eine orthografische Veränderung (um die Aussprache zu erhalten):
corregir → yo corrijo   *conseguir → yo consigo*

3. Ergänzen Sie die zwei Dialoge mit den richtigen Verbformen.

a. ◆ Hola, Gilberto, ¿ ________________ (nosotros – jugar) al tenis hoy?
○ No, yo hoy no ________________ (jugar) al tenis, hoy es día de cine con Teresa.
◆ Ah, ¿y qué película?
○ No sé, Teresa siempre ________________ (elegir) las películas, y ella normalmente ________________ (preferir) las comedias románticas.
◆ ¡Uf, qué aburrido!

b. ▲ Melina, ¿qué película me ________________ (recomendar) para hoy por la noche?
□ *Locos de amor*, es una comedia romántica, muy divertida.
▲ Muy bien, ¿en qué cine?
□ En Cinépolis, y ________________ (vosotros – poder) ver la película en una sala VIP, ahí el camarero te ________________ (servir) las bebidas en tu butaca.
▲ ¡Sí, ________________ (pensar) que es una buena idea!

temprano	früh	sin	ohne
pedir (e>i)	*hier:* bestellen	bajar	*hier:* herunterladen
almorzar (o>ue)	zu Mittag essen	la película	Film
elegir (e>i)	wählen	la butaca	Sitzplatz

27 Verben mit unregelmäßiger 1. Person (und Vokalwechsel)

Einige spanische Verben sind in der 1. Person Singular (*yo*) im Präsens unregelmäßig, bilden alle anderen Formen aber nach dem regelmäßigen Schema. Einige dieser Verben ändern zusätzlich auch den Stammvokal, sie kombinieren also zwei Unregelmäßigkeiten:
tener   *yo tengo*   *tu tienes*

27 Verben mit unregelmäßiger 1. Person (und Vokalwechsel)

START

Lesen Sie die Beschreibung eines Zeitmanagement-Kurses und unterstreichen Sie die Formen der Verben *hacer*, *tener*, *decir*, *conocer* und *oír*.

Gestión del tiempo.
Mucha gente dice: "No hago deporte porque no tengo tiempo". Con frecuencia oímos también que la gente no sale con sus amigos porque no tiene tiempo. Es un problema muy serio: no tenemos tiempo para las cosas más importantes, y solo hacemos las cosas más urgentes del día a día. Conozco a muchas personas que dicen que es un problema de falta de tiempo, pero yo digo que es un problema de organización. En este curso...

SEHEN

Ergänzen Sie die Tabelle mit den Verbformen, die Sie unterstrichen haben.

	hacer **machen**	tener **haben**	decir **sagen**	conocer **kennen**	oír **hören**
yo	______	______	______	______	oigo
tú	haces	tienes	dices	conoces	oyes
él / ella / usted	hace	______	______	conoce	oye
nosotros/-as	______	______	decimos	conocemos	______
vosotros/-as	hacéis	tenéis	decís	conocéis	oís
ellos / ellas / Uds.	hacen	tienen	______	conocen	oyen

VERSTEHEN

Ergänzen Sie nun die folgenden Regeln.

- Die Verben ______ und ______ sind nur in der 1. Person Singular unregelmäßig.
- Das Verb ______ ist in der 1. Person Singular unregelmäßig und ändert den Stammvokal von *e* zu *ie*. Zu dieser Gruppe gehört auch das Verb *venir*.

- Das Verb ____________ ist in der 1. Person Singular unregelmäßig und der Stammvokal *e* wird zu *i*.
- Das Verb ____________ ist in der 1. Person Singular unregelmäßig und ändert die Schreibweise bei *tú*, *él* und *ellos* von *í* zu *y*.

! *Conocer* gehört zu einer Gruppe von Verben, deren Endung für die 1. Person Singular im Präsens *-zco* lautet. Alle anderen Formen sind regelmäßig. Zu dieser Gruppe gehören Verben, die auf *-acer*, *-ecer*, *-ocer* und *-ucir* enden, wie *nacer* (geboren werden), *crecer* (wachsen), *ofrecer* (anbieten) und *conducir* (fahren).

ANWENDEN

1. Verbinden Sie die Puzzleteile, um weitere Verben mit unregelmäßigen Formen in der 1. Person Singular zu finden.

1. ver
2. hacer
3. ofrecer
4. traer
5. saber
6. poner
7. salir
8. dar

sé, salgo, traigo, ofrezco, doy, pongo, hago, veo

2. Welches Problem haben diese Personen? Ergänzen Sie die Sätze mit den angegebenen Verben.

a. Vosotros ____________ (decir) "sí" a todo.

b. Maru ____________ (traer) el almuerzo a la oficina.

c. Nosotros ____________ (venir) a la oficina los sábados.

d. Yo no ____________ (poner) límites a las horas de trabajo.

e. En la pausa yo nunca ____________ (dar) un paseo para relajarme.

f. Tú siempre ____________ (salir) muy tarde de la oficina.

g. Yo no ____________ (hacer) un plan para toda la semana.

h. Agustín ____________ (conducir) una hora para llegar a su trabajo.

3. Ergänzen Sie die Dialoge der Kursteilnehmer mit den passenden Verben in der richtigen Form.

a. (venir / saber)

- ¿Tú ____________ cuántas personas ____________ al curso?
- No, no ____________.

b. (decir / conocer)

- El profesor del curso ____________ que el libro de Berto Pena es muy bueno.
- ¿Tú lo ____________?
- No, no ____________ el libro.

c. (salir / poner)

- ¿Ustedes ____________ música en las pausas del trabajo?
- Yo sí ____________ música, pero mi compañero normalmente ____________ a tomar un café.

d. (ver / tener)

- ¿Vosotros ____________ series de televisión?
- No, solo ____________ noticieros. Es que no ____________ mucho tiempo.

la gestión	Management	el límite	Grenze
con frecuencia	häufig, oft	el paseo	Spaziergang
el día a día	Alltag	el noticiero	Nachrichtensendung

28 Weitere wichtige unregelmäßige Verben

Es gibt einige wenige, aber sehr häufig benutzte Verben, die sehr unregelmäßig sind oder die nicht sinnvoll unregelmäßigen Gruppen zugeordnet werden können.

***Soy** Gonzalo, **estoy** cansado, pero **voy** al trabajo.*

Ich **bin** Gonzalo, ich **bin** müde, aber ich **gehe** zur Arbeit.

START

Unterstreichen Sie im Dialog zwischen Víctor und Rosa die Formen von *ser*, *estar*, *ir* und *haber*.

- ○ Víctor, qué sorpresa, ¿tú por aquí?
- □ Hola, Rosa, sí, ¡qué sorpresa! He cambiado de trabajo y las oficinas están cerca de aquí.
- ○ ¿Y qué tal tu nuevo trabajo?
- □ La verdad es que muy bien, es un trabajo interesante, el ambiente de trabajo es agradable, las oficinas son muy bonitas...
- ○ Pero ahora tu casa está muy lejos de tu trabajo, ¿no?
- □ Sí, por eso ahora voy en coche todos los días, pero estoy contento. ¿Y tú cómo estás?
- ○ ¡Muy bien! Ahora que trabajas cerca, podemos tomar un café un día.
- □ Buena idea, ¿vamos hoy por la tarde al Café Luz? Está aquí en esta calle.

SEHEN

Ergänzen Sie jetzt die Tabelle mit den fehlenden Formen.

	ser sein	estar sein	ir gehen	haber haben (Hilfsv.)
yo	soy	estoy	________	________
tú	eres	________	vas	has
él / ella / usted	________	________	va	ha
nosotros/-as	somos	estamos	________	hemos
vosotros/-as	sois	estáis	vais	habéis
ellos / ellas / ustedes	________	________	van	han

28 Weitere wichtige unregelmäßige Verben

VERSTEHEN

Ergänzen Sie nun die Regeln zu den unregelmäßigen Verben.

- Das Verb *ser* hat in der 2. und 3. Person Singular Formen, die nicht mit *s* beginnen: __________ und __________
- Das Verb *estar* wird so betont, dass man einen Akzent bei der ☐ 1. und 2. ☐ 2. und 3. Person Singular und Plural setzt.
- Bei dem unregelmäßigen Verb *ir* fangen im Präsens alle Formen mit _____ an.
- Das unregelmäßige Hilfsverb *haber* kann nicht allein stehen, mit ihm wird das Perfekt gebildet (siehe Kapitel 33):

  _____ *cambiado de trabajo.* Ich habe die Arbeit gewechselt.

Hay ist eine unpersönliche Form von *haber* und bedeutet „es gibt" (siehe Kapitel 29).
„Haben, besitzen" heißt auf Spanisch *tener*.

ANWENDEN

1. Víctor und die neue Arbeit. Verbinden Sie die Sätze und ergänzen Sie sie mit den richtigen Verbformen.

están vais está estamos
eres son soy son va

1. ¿Quiénes __________ ellos?
2. ¿Dónde __________ las fotocopiadoras?
3. ¿El jefe no __________ mañana en la oficina?
4. ¿Vosotros __________ a comer a la cafetería?
5. Todos __________ muy cansados.
6. Perdón, ¿tú __________ Lidia?

a. No, __________ a una feria a Bilbao.
b. ¿Hacemos una pausa?
c. Sí, __________ yo.
d. __________ Marco y Pilar, del Departamento de Ventas.
e. Sí, ¿tú también?
f. Al lado del despacho de Ana.

2. **Was fehlt Víctor in seinem neuen Büro? Lösen Sie das Rätsel mithilfe der Verbformen.**

1.
2.
3.
4.
5.
6.
7.

1. 3. Person Plural von „haber“
2. 2. Person Singular von „ser“
3. 1. Person Plural von „ir“
4. 1. Person Plural von „estar“
5. Grundform von „voy“
6. 2. Person Plural von „estar“
7. 2. Person Plural von „ser“

En su despacho Víctor necesita un ________________.

3. **Víctor schreibt eine Mail. Ergänzen Sie die passende Verbform.**

Hola, Bernardo:
¿Qué tal? Esta semana ______ (ser) mi primera semana en mi nuevo trabajo y ________ (yo – estar) muy cansado. La nueva oficina _______ (estar) lejos de mi casa pero mi despacho ______ (ser) muy amplio y los compañeros _______ (ser) simpáticos y pacientes. A mediodía nosotros __________ (ir) a comer a una cafetería que _________ (estar) cerca de la oficina. Todas las personas de la oficina _______ (ir) a comer ahí porque la comida ______ (ser) muy rica.
¿Y tú cómo ________ (estar)? ¿Cuándo ________ (ir) a tomar una cerveza juntos?
Víctor

por aquí	in der Nähe	la fotocopiadora	Kopiergerät
cambiar	*hier:* wechseln	cansado	müde
agradable	angenehm	el despacho	Büro
contento	zufrieden	amplio	geräumig
cerca	nah	paciente	geduldig

★ 29 Die Verwendung von *ser, estar* und *hay*

Das deutsche Verb „sein" kann man im Spanischen mit zwei Verben wiedergeben: *ser* oder *estar*. In diesem Kapitel erfahren Sie, wann welches Verb benutzt wird. Das spanische *hay* entspricht dem deutschen „es gibt". Es ist eine unveränderliche Form von *haber*.

START

Gibt es hier ein gutes Restaurant? Unterstreichen Sie im Dialog die Verbformen von *hay*, *ser* und *estar* mit unterschiedlichen Farben.

◆ Hola, estoy en el Barrio Gótico en Barcelona. ¿Sabes si hay un buen restaurante por aquí?

○ Sí, hay varios restaurantes... un momento... Hay dos restaurantes muy buenos, Casa Grande y El Mirador. El Mirador está en la Plaza Real.

◆ ¿Qué tipo de comida tiene?

○ En El Mirador hay comida regional. Es muy bonito y el servicio es excelente.

◆ Vale, ¿quieres venir a comer con nosotros?

○ ¿Con quién estás?

◆ Con Eric.

○ ¿Quién es Eric?

◆ Es el primo de Rebeca, es de Mérida, pero está aquí por trabajo.

○ No sé... ya son las tres y estoy un poco cansado, y El Mirador está muy lejos...

SEHEN

Ergänzen Sie die Tabelle mit den Verbformen, die Sie unterstrichen haben.

Sätze mit ______	Sätze mit ______	Sätze mit ______
______ un buen restaurante	El Mirador ______ muy bonito.	El Mirador ______ en la Plaza Real.
______ varios restaurantes	El servicio ______ excelente.	El Mirador ______ muy lejos.
______ dos restaurantes	Eric ______ el primo de Rebeca.	______ en el Barrio Gótico
______ comida regional	Eric ______ de Mérida.	Eric ______ aquí por trabajo
	______ las tres.	______ un poco cansado.

VERSTEHEN

Wann wird welches Verb benutzt? Markieren Sie die richtige Option und ergänzen Sie die Beispiele.

- Gibt das Vorhandensein einer unbestimmten Sache oder Person an: ☐ *hay* ☐ *estar*
- Gibt die Position oder den Ort einer bestimmten Sache oder einer Person an: ☐ *hay* ☐ *estar*
- Gibt wesentliche, eher unveränderliche Merkmale an, wie z. B. Name, Herkunft, Nationalität, Beruf und Verwandtschaft: ☐ *ser* ☐ *estar*
  Él ______ Eric, ______ de Mérida.
- Gibt das persönliche Befinden und eher veränderliche Merkmale oder vorübergehende Zustände an: ☐ *ser* ☐ *estar*
  ______ *un poco cansado*
- Gibt die Uhrzeit und Besitzverhältnisse an: ☐ *ser* ☐ *estar*
  ______ *las tres. Este libro es mío.*

! *Hay* wird verwendet mit unbestimmtem Artikel, bei Substantiven ohne Artikel, mit Zahlen und bei Mengenangaben: *Hay comida regional.* *Hay dos restaurantes.*

Die Verwendung von *ser, estar* und *hay*

ANWENDEN

1. Wie kann der Satz weitergehen? Kreuzen Sie jeweils die zwei richtigen Möglichkeiten an.

1. En el restaurante hay…
   a. una mesa libre. ☐
   b. el vino español. ☐
   c. algunos platos típicos. ☐

2. El restaurante es…
   a. en una calle con mucho tráfico. ☐
   b. muy caro. ☐
   c. el preferido de Rodrigo. ☐

3. El restaurante está…
   a. muy famoso. ☐
   b. enfrente del cine Rex. ☐
   c. en un barrio elegante. ☐

4. Gerardo y Eric son…
   a. primos. ☐
   b. simpáticos. ☐
   c. en el restaurante. ☐

Angaben zum Datum oder Preis können mit *ser* und auch mit *estar* gemacht werden.

Datum:	Bei 3. Person mit *ser*:	*Hoy **es** 5 de abril.*
	Bei 1. Person Plural mit *estar*:	*Hoy **estamos** a 5 de abril.*
Preis:	Gesamtbetrag mit *ser*:	***Son** 15 euros.*
	veränderliche Preise mit *estar*:	*Las naranjas **están** a 2 euros el kilo.*

Der Familienstand kann mit *ser* oder *estar* angegeben werden, je nach (vermuteter) Dauer: *Eric **es** soltero.* *Eric **está** soltero.*

2. Bewertungen des Restaurants „El Mirador". Wählen Sie die richtige Option.

a. El Mirador ☐ es / ☐ está un restaurante de comida regional. ☐ Hay / ☐ Está en una zona comercial donde ☐ hay / ☐ son muchas tiendas y restaurantes. No ☐ está / ☐ hay aparcamiento, pero ☐ es / ☐ está cerca de la estación de metro.

b. La carta ☐ es / ☐ está muy variada y la selección de vinos ☐ es / ☐ está excelente.

c. La decoración del Mirador ☐ es / ☐ está una combinación de elementos tradicionales y modernos.

d. Los camareros ☐ son / ☐ están muy amables, el servicio ☐ es / ☐ está bueno, pero ☐ está / ☐ hay mucho ruido.

3. Interview mit Eric. Ergänzen Sie den Dialog mit der passenden Form von *ser*, *estar* oder *hay*.

◆ Buenos días, Eric Tapia, ¿cómo _______ usted?
o Muy bien, gracias.
◆ ¿A qué se dedica?
o _______ organizador de eventos.
◆ ¿Qué evento organiza ahora?
o Ahora _______ en la Feria del Dulce. _______ un evento con más de 200 expositores.
◆ ¿Dónde _______ el Centro de Exposiciones?
o _______ al sur de la ciudad.
◆ ¿De dónde _______ los expositores de la Feria del Dulce?
o De muchos países. Por ejemplo, _______ muchos expositores de América Latina, pero también _______ algunos de Europa.

Bei vielen Adjektiven (*nervioso*, *tranquilo*, *aburrido*, *serio*) kann man *ser* oder *estar* verwenden. Das Verb *ser* definiert dann etwas oder jemanden, das Verb *estar* dient zur Beschreibung eines vorübergehenden Zustandes.
*Eric no **es** nervioso, pero hoy **está** nervioso porque tiene una cita importante.*
Einige Adjektive verwendet man nur mit ***estar***: *contento*, *preocupado*, *cansado*.

4. *Ser* oder *estar*? Ergänzen Sie die richtige Übersetzung von „sein".

a. Sie sind gelangweilt, sie haben nichts zu tun.	Ellos _________ aburridos.
b. Eric ist ein ruhiger Mensch.	Eric _________ tranquilo.
c. Das Essen hier ist immer lecker.	La comida _________ rica.
d. Ihr seid heute gestresst.	Vosotros _________ estresados.
e. Federica ist sehr ernst, sie lacht nie.	Federica _________ muy seria.
f. Ich habe ein Problem. Ich bin besorgt.	Yo _________ preocupado.
g. Die Messe war gut. Wir sind zufrieden.	Nosotros _________ contentos.
h. Was ist los? Du bist heute sehr ernst.	Tú _________ muy serio.

varios	mehrere	la feria	Messe
cansado	müde	el dulce	Süßigkeit
el aparcamiento	Parkhaus	el expositor	Aussteller
el ruido	Lärm	el centro de exposiciones	Messegelände
dedicarse	sich beschäftigen		

30 Reflexive Verben

Reflexive Verben bestehen aus dem Reflexivpronomen und der konjugierten Form des Verbs. Reflexive Verben werden wie alle anderen Verben konjugiert. Es gibt also regelmäßige und unregelmäßige reflexive Verben.

*Yo **me ducho** con agua fría, pero mi novio **se ducha** con agua caliente.*

Ich **dusche mich** mit kaltem Wasser, aber mein Freund **duscht sich** mit warmem Wasser.

Nicht alle reflexiven Verben im Spanischen sind auch im Deutschen reflexiv (und umgekehrt):

*llamar**se*** heißen *levantar**se*** aufstehen *descansar* **sich** ausruhen

START

Der Alltag von Amelia und ihrer Familie. Unterstreichen Sie im Text die neun reflexiven Verben und die Reflexivpronomen.

Yo me levanto a las 5 de la mañana y me preparo para salir a correr 10km. Mi marido se levanta a las 6:30 y primero se ducha y después prepara el desayuno para todos. Mis hijos se levantan más tarde, a las 7:30, ellos prefieren ducharse por la noche y dormir más por la mañana. Se preparan rápidamente, desayunan y se van a la escuela a las ocho menos cuarto. Así empieza nuestra rutina de lunes a viernes, pero el fin de semana nos levantamos tarde y todo es más tranquilo...

SEHEN

Ergänzen Sie die Tabelle mit den unterstrichenen Formen.

	Reflexivpronomen	levantarse
yo	________	________
tú	te	levantas
él / ella / usted	________	________
nosotros/-as	________	________
vosotros/-as	os	levantáis
ellos / ellas / ustedes	________	________

VERSTEHEN

Ergänzen Sie nun die folgenden Regeln.

- Das Reflexivpronomen steht ☐ vor ☐ nach der konjugierten Form des Verbs: *Yo ________ levanto a las 5 de la mañana.*
- Enthält ein Satz ein konjugiertes Verb und ein Verb im Infinitiv, so kann das Reflexivpronomen an ☐ den Infinitiv ☐ das konjugierte Verb angehängt werden: *Ellos prefieren ______________ por la noche.*
  Das Reflexivpronomen kann aber auch vor dem konjugierten Verb stehen: *Ellos ________ quieren duchar por la noche.*
- Wie im Deutschen werden im Spanischen einige Verben, wie z. B. *preparar*, sowohl reflexiv als auch nicht reflexiv gebraucht.
- Die Verneinung *no* steht immer ☐ vor ☐ nach dem Reflexivpronomen und dem Verb: *Mis hijos no se levantan temprano.*

ANWENDEN

1. **Bilden Sie Sätze mit den Satzteilen aus den vier Spalten.**

a. Vosotros	te	despierto	a las 11 de la noche.
b. Ella	se	acostamos	en la sauna.
c. Tú	nos	relajas	en el trabajo.
d. Yo	os	encontráis	para ir al colegio.
e. Nosotros	se	visten	a las 6 de la mañana.
f. Ellos	me	concentra	con vuestros amigos.

a. ______________________________

b. ______________________________

c. ______________________________

d. ______________________________

e. ______________________________

f. ______________________________

Einige Verben haben je nach reflexivem oder nicht-reflexivem Gebrauch verschiedene Bedeutungen:

ir	gehen, fahren	*dormir*	schlafen	*volver*	zurückkehren
irse	weggehen	*dormirse*	einschlafen	*volverse*	sich umdrehen

2. Wie geht Amelias Tag weiter? Ergänzen Sie die Sätze mit der Verbform und ordnen Sie sie chronologisch. Achtung: nicht alle Verben sind reflexiv!

a. ____ Antes del almuerzo ______________ (hacer) algunas llamadas telefónicas.

b. ____ A las 10 de la noche ______________ (acostarse).

c. ____ Por la tarde ______________ (reunirse) con su equipo de trabajo.

d. 1 A las 8 de la mañana ______________ (irse) al trabajo en autobus.

e. ____ Después de la cena ______________ (relajarse) con un poco de música.

f. ____ Primero ______________ (leer) y ______________ (contestar) sus correos electrónicos.

g. ____ ______________ (regresar) a casa a las 7 de la tarde.

! Bei Sätzen mit *gustar* + reflexivem Infinitiv muss das Reflexivpronomen immer an den Infinitiv angehängt werden: ***Me gusta levantarme*** *temprano.*

3. So viele Fehler! Finden Sie in jedem Satz den Fehler und korrigieren Sie ihn.

a. ¿Tú se aburres en las clases de matemáticas?

____

b. Mañana quiero no levantarme temprano.

____

c. Marcia se viste no rápidamente.

____

d. Los domingos nosotros quedamos nos en casa.

____

e. Chicos, ¿os lavas las manos antes de comer, por favor?

____

f. El fin de semana mi marido y yo me despierto tarde.

____

g. A Óscar le gusta reunir con sus amigos.

---

h. Amelia se prepararse para correr una maratón.

---

despertarse (e>ie)	aufwachen	regresar	zurückkehren
acostarse (o>ue)	ins Bett gehen	aburrirse	sich langweilen
encontrarse (o>ue)	sich treffen	quedarse	bleiben
reunirse	sich versammeln		

31 Modalverben

Modalverben werden gemeinsam mit einem weiteren Verb, das im Infinitiv steht, verwendet. Sie drücken den Wunsch, die Möglichkeit, die Erlaubnis, die Fähigkeit oder die Notwendigkeit für eine Handlung aus.
Quiero *ir al cine pero* ***tengo que*** *trabajar.*
Ich **möchte** ins Kino gehen, aber ich **muss** arbeiten.

START

Lesen Sie die Anzeige von „Auladelmundo" und unterstreichen Sie die Modalverben *querer*, *tener que*, *poder* und *saber*.

Auladelmundo

- ¿Quiere aprender un nuevo idioma, o tiene que aprender un nuevo idioma para su trabajo?
- ¿Ya sabe francés y quiere practicar con un hablante nativo, sin salir de casa?
- ¿Sabe usar un ordenador o una tableta?

¡Usted puede aprender un nuevo idioma o practicar un idioma sin salir de casa!
Auladelmundo le ofrece cursos en línea, tutores y tándems virtuales.

www.auladelmundo.com

31 Modalverben

SEHEN

Suchen Sie die Übersetzung für diese Sätze in der Anzeige.

Wollen Sie lernen ...? ______

Müssen Sie lernen ...? ______

Können Sie Französisch ...? ______

Können Sie ... benutzen? ______

Sie können lernen ... ______

VERSTEHEN

Ergänzen Sie nun die folgenden Sätze mit den richtigen Wörtern:

Verpflichtung Wunsch Fähigkeit Möglichkeit Wissen

- Das Modalverb *querer* drückt einen ______ oder eine Absicht aus, es entspricht dem deutschen „wollen" oder „mögen".
- Die Wendung *tener que* drückt eine ______ oder Notwendigkeit aus, die man mit „müssen" übersetzt.
- Die Modalverben *saber* und *poder* übersetzt man beide mit „können". *Saber* drückt eine ______ oder ______ aus.
- Das Verb *poder* drückt eine ______ oder eine Erlaubnis aus. (zur Konjugation von *querer* und *poder* siehe Kapitel 26, zu *saber* und *tener* siehe Kapitel 27)

! *Saber* kann mit Infinitiv oder mit einem Substantiv verwendet werden:
Sé hablar francés. *Sé francés.*
Poder wird nur mit Infinitiv verwendet: ~~*Puedo francés.*~~ (Falsch!)

ANWENDEN

1. **Ergänzen Sie die Minidialoge mit den passenden Modalverben. In jedem Abschnitt ist ein Verb zu viel angegeben.**

a. tengo que sabes quieres

- ¿ ______ tomar una cerveza con nosotros después del trabajo?
- No puedo, es que ______ ir a mi clase de inglés.

b. sabes   tienes que   quiero

◆ __________ apuntarme a un curso de cocina, ¿te apuntas también?

▫ ¿Un curso de cocina? ¡Pero si tú ya __________ cocinar!

c. puedes   tengo que   puedo   sabes

■ ¿ __________ ayudar a Cecilia con los deberes de matemáticas?

○ Ahora no __________, es que __________ terminar este reporte para mi jefe.

d. sabes   quiero   sé   puedo

● Rolando, ¿tú __________ tocar algún instrumento musical?

◆ Sí, __________ tocar piano, y __________ aprender violín.

e. puedo   sabes   tengo que

▫ Mamá, ¿ __________ usar tu coche hoy por la tarde?

○ Sí, pero por la noche necesito el coche porque __________ ir al aeoropuerto.

Das Modalverb und der Infinitiv werden – anders als im Deutschen – im Spanischen nicht getrennt, sie stehen immer direkt nebeneinander:
*No **quiero ir** al cine hoy.* (richtig) *~~Quiero no ir~~ al cine hoy.* (falsch)
Ich **möchte** heute nicht ins Kino **gehen**.

2. Rebeca lernt online Französisch. Ergänzen Sie den Dialog mit den Modalverben in der passenden Form.

◆ ¿Qué tal tu curso de francés?

○ Très bien ! Ya __________ decir algunas frases en francés.

◆ ¿Y cuándo son tus clases?

○ Normalmente los lunes y miércoles por la noche, pero también __________ participar los martes o jueves.

◆ Entonces, si tú __________ trabajar el lunes o el miércoles, ¿tú __________ tomar tu curso martes o jueves?

○ Exactamente. Y también tengo un tutor, y yo __________ contactar con él si tengo preguntas.

◆ ¿Todo en línea? ¡Eres una experta en internet!

○ No, yo ____________________ usar los programas, pero no soy experta. La verdad, es muy fácil. Ah, y también tengo un tándem.

◆ ¿Qué es un tándem? ¿Un nuevo ordenador?

○ ¿Tú no ______________ qué es un tándem? Es un intercambio de conversación, si tú ____________________ practicar el idioma con un hablante nativo.

◆ Ah, creo que yo _________________ actualizarme en todas estas cosas nuevas...

! Um eine Verpflichtung auszudrücken, wird auch das Modalverb *deber* verwendet. Manchmal ist der Unterschied zwischen *tener que* und *deber* sehr fein. Während *tener que* öfter mit „müssen" übersetzt wird, wird *deber* mit „sollen" übersetzt und drückt einen inneren Zwang oder auch eine Empfehlung aus:

***Debo** dejar de fumar.*	Ich **soll** aufhören zu rauchen.
***Deberías** beber menos alcohol.*	Du **solltest** weniger Alkohol trinken.

3. Bringen Sie die Sätze in die richtige Reihenfolge.

a. ¿ está / los / sabéis / cursos / dónde / sobre / información / la ?

____

b. internet / conectarme / puedo / hoy / por / no

____.

c. quiere / con / días / hablar / su / tándem / Isabel / todos / los

____.

d. todas / tutor / puede / el / contestar / en / preguntas / español / mis

____.

e. que / tenemos / la / internet / ver / introducción / al / curso / por

____.

! Auch mit der unpersönlichen Konstruktion *hay que* + Infinitiv kann man Verpflichtungen ausdrücken (siehe nächstes Kapitel):

Hay que aprender idiomas. Man muss Sprachen lernen.

apuntarse	sich anmelden	entonces	*hier:* also, dann
los deberes *pl*	Hausaufgaben	el intercambio	Austausch
el reporte	Bericht	el hablante nativo	Muttersprachler

32 Unpersönliche Verbkonstruktionen

Unpersönliche Verben werden nur in der 3. Person Singular oder Plural verwendet. Mit *se* + Verb in der 3. Person sowie mit *hay que* + Infinitiv werden im Spanischen unpersönliche Aussagen formuliert.

*En Panamá **se habla** español.*	In Panama **spricht man** Spanisch.
***Hay que** tener esperanza.*	**Man muss** Hoffnung haben.

START

Costa Rica ist toll! Unterstreichen Sie im Text die unpersönlichen Ausdrücke mit *se* und *hay que*.

¡Estoy enamorado de Costa Rica! Aquí se vive en armonía con la naturaleza. Se pueden hacer excursiones a volcanes, bosques, ríos y cataratas. O simplemente se puede descansar en la playa. Aquí se beben batidos de frutas naturales y se come pescado fresco. Aquí se vive muy bien. Hay que visitar este país: ¡Pura vida!

SEHEN

Ordnen Sie die unpersönlichen Ausdrücke aus dem Text den Übersetzungen zu.

Man lebt im Einklang mit der Natur. ____________________

Man kann Ausflüge **machen.** ____________________

Man kann sich ausruhen. ____________________

Es werden Fruchtshakes **getrunken.** ____________________

Es wird Fisch **gegessen.** ____________________

Man muss dieses Land **besuchen.** ____________________

32 Unpersönliche Verbkonstruktionen

VERSTEHEN

Sind folgende Aussagen richtig oder falsch? Kreuzen Sie an.

- Unpersönliche Konstruktionen haben kein Subjekt. ☐ richtig ☐ falsch
- Für allgemeine Aussagen ohne Objekt wird das Verb in der 3. Person Plural verwendet. ☐ richtig ☐ falsch
- Folgt nach dem Verb ein Substantiv im Singular oder ein Infinitiv, so wird das Verb in der 3. Person Singular verwendet. ☐ richtig ☐ falsch
- Folgt nach dem Verb ein Substantiv im Plural, so wird das Verb in der 3. Person Plural verwendet. ☐ richtig ☐ falsch
- Eine unpersönliche Verpflichtung oder Notwendigkeit drückt man mit *hay que* + Infinitiv aus. ☐ richtig ☐ falsch

Wendungen wie „Auto zu verkaufen“ oder „Lehrer gesucht“ werden im Spanischen auch häufig mit *se* übersetzt: *Se vende coche.* *Se busca profesor.*
Achtung: Verwechseln Sie dieses unpersönliche *se* nicht mit dem Reflexivpronomen *se* (siehe Kapitel 30)!

ANWENDEN

1. **Unpersönliche Konstruktionen werden oft für Anzeigen oder Schilder benutzt. Ergänzen Sie die Anzeigen mit den angegebenen Wendungen.**

apartamentos amueblados
computadoras y celulares
casa en la playa excursiones al Arenal
cocinero para restaurante

a. Se vende ______ ______

b. Se alquilan ______ ______

c. Se reparan ______ ______

d. Se organizan ______ ______

e. Se busca ______ ______

! Bei Wetter- oder Klimaangaben werden auch unpersönliche Sätze, ohne Subjekt, verwendet.
Hace frío. Es ist kalt. *Hay niebla.* Es ist neblig. *Llueve.* Es regnet.

2. Ergänzen Sie mit dem Verb in der passenden Form.

a. En Costa Rica ___________ (producir) diferentes tipos de café.

b. El Gallo Pinto ___________ (comer) para el desayuno, el almuerzo o la cena.

c. ___________ (hablar) algunas lenguas indígenas.

d. En San José, la capital de Costa Rica, ___________ (ofrecer) cursos de español.

e. ___________ (poder) alquilar bicicletas por un día.

f. En verano hay que ___________ (reservar) los hoteles con antelación.

g. En Costa Rica no ___________ (nevar), pero de junio a octubre ___________ (llover) mucho.

h. La frase "¡Pura vida!" ___________ (usar) para saludar.

3. Wie sagt man es auf Spanisch? Übersetzen Sie.

a. Kann man in Costa Rica tauchen (bucear)?

____

b. Man muss Kaffee kaufen.

____

c. Man darf in Restaurants nicht rauchen.

____

d. Muss man nicht ein Visum beantragen (solicitar un visado)?

____

e. Ist es heiß in San José?

____

f. Es wird nicht viel Wein getrunken.

____

enamorado	verliebt	¡Pura vida!	Pures Leben! *(Gruß in Costa Rica)*
el bosque	Wald	con antelación	im Voraus
la catarata	Wasserfall		

Verben: Vergangenheit

In diesem Kapitel lernen Sie drei spanische Vergangenheitszeiten und ihre Anwendung kennen: *pretérito perfecto* (Perfekt), *pretérito indefinido* und *pretérito imperfecto* (Imperfekt).

33 *Pretérito perfecto*

Das *pretérito perfecto* (Perfekt) wird für vergangene Handlungen verwendet, die einen Bezug zur Gegenwart haben oder Handlungen, die in jüngster Zeit stattfanden. Das *pretérito perfecto* wird mit dem Präsens von *haber* (haben) und dem Partizip Perfekt gebildet.

*¿Alguna vez **has ido** a un partido de fútbol?*
Bist du mal bei einem Fußballspiel **gewesen**?
*Esta semana **he trabajado** mucho.*
Diese Woche **habe** ich viel **gearbeitet**.

START

Der perfekte Urlaub. Lesen Sie, was Jorge von seinen Ferien erzählt, und unterstreichen Sie die Verbformen im Perfekt.

- ◆ Jorge, ¿qué tal tus vacaciones?
- ○ Pues han sido unas vacaciones perfectas: no he trabajado ningún día, me he levantado tarde todos los días y he viajado a la playa. Además, he aprendido algo nuevo: Alina y yo hemos hecho juntos un curso de fotografía digital, ha sido muy interesante y ahora somos expertos. El profesor del curso ha sido excelente. También hemos salido por las noches, hemos ido de copas y hemos visto a nuestros amigos. ¿Y tú?

- ◆ También muy bien, pero yo no he hecho tantas cosas como vosotros. Yo solo he tenido una semana de vacaciones.

SEHEN

Ergänzen Sie die Tabelle mit den Formen von *haber* und den Partizipien.

	Hilfsverb *haber*	regelmäßige Partizipien	unregelmäßige Partizipien	
yo	____________	s____________		
tú	has	trabaj________		
él / ella / usted	____________	levant________	abierto	puesto
nosotros/-as	____________	viaj__________	dicho	roto
vosotros/-as	habéis	aprend________	escrito	v________
ellos / ellas / Uds.	____________	sal___________	h________	vuelto
		i____________		
		ten___________		

VERSTEHEN

Ergänzen Sie nun die folgenden Regeln.

- Um das Partizip zu bilden, wird bei den Verben auf *-ar* (*trabajar*) die Endung __________ an den Verbstamm angehängt: *trabaj*__________
- Bei den Verben auf *-er* (*aprender*) und auf *-ir* (*salir*) wird die Endung __________ an den Verbstamm angehängt: *aprend*__________ bzw. *sal*__________
- Es gibt auch einige Verben mit unregelmäßigem Partizip, z. B. *hacer* → __________.
- Das Partizip Perfekt ist ☐ veränderlich. ☐ unveränderlich.

Im Spanischen wird das Perfekt immer mit dem Hilfsverb *haber* gebildet, während im Deutschen „sein“ oder „haben“ verwendet werden.

Ich habe gearbeitet.	*He trabajado.*
Ich bin gegangen.	*He ido.*

ANWENDEN

1. Ergänzen Sie die Grundformen der unregelmäßigen Partizipien.

poner romper decir escribir abrir ver

a. __________ → escrito   d. __________ → dicho

b. __________ → roto   e. __________ → abierto

c. __________ → visto   f. __________ → puesto

Anders als im Deutschen dürfen die Formen von *haber* und das Partizip nicht voneinander getrennt werden. Die Verneinung wird vorangestellt: ***No he viajado*** *a la playa.* Reflexivpronomen auch: ***Me he levantado*** *tarde.*

2. Paloma schreibt eine Mail aus Peru. Setzen Sie die Verben ins Perfekt.

¡Hola, familia!

Aquí mi reporte del día desde Lima: Hoy por la mañana __________________ (hacer) un tour del centro histórico de Lima, el guía __________________ (contar) muchas cosas interesantes sobre la historia de Perú. En el tour __________________ (conocer) a unos chicos españoles y después del tour __________________ (comer) los tres juntos en un restaurante de comida típica peruana y __________________ (visitar) el barrio de Miraflores. Después yo __________________ (volver) al hotel para descansar un poco.

Mañana también tengo un día con muchas actividades. ¿Y vosotros, cómo estáis?, ¿qué

____

(hacer) hoy?

Besos,

Paloma

! *Ya* (schon) und *todavía no* (noch nicht) sind Zeitangaben, die sehr häufig im Zusammenhang mit dem Perfekt verwendet werden.

*Loli **ya** ha estado en Perú.*	Loli ist **schon** in Peru gewesen.
*Loli **todavía no** ha estado en Perú.*	Loli ist **noch** nicht in Peru gewesen.

3. Ergänzen Sie die Fragen mit den passenden Verben im Perfekt.

ir beber estar perder ver no ponerse no comprar probar decir no escuchar

a. ¿Vosotros todavía no ____________ Inca Kola, la bebida de cola de Perú?

b. ¿José ____________ su móvil en el autobús? ¡Qué mala suerte!

c. ¿Tú todavía no ____________ al Museo de Arte de Lima? Es muy interesante.

d. ¿Tus amigos ya ____________ ____________ el ceviche? ¡Es muy rico!

e. ¡Qué sol! ¿Por qué tú ____________ ____________ un sombrero?

f. ¿Por qué Malena ____________ souvenirs en este viaje?

g. ¿Qué ____________ el guía? Yo ____________ bien.

h. ¿Ustedes ya ____________ en la playa esta semana?

i. ¿Quién ____________ ya el lugar más impresionante de todos: Machu Picchu?

juntos	zusammen	romper	brechen
ir de copas	etw. trinken gehen	la mala suerte	Pech

34 Pretérito indefinido

Das *pretérito indefinido* wird für vergangene Handlungen oder Ereignisse verwendet, die zu einem bestimmten Zeitpunkt stattgefunden haben und abgeschlossen sind.

*Ayer **compré** un móvil nuevo.*
Gestern **habe** ich ein neues Handy **gekauft**.

Das *indefinido* hat im Deutschen keine direkte Entsprechung, man übersetzt es mit dem Perfekt oder Imperfekt. Es ist die im Spanischen am häufigsten verwendete Vergangenheitszeit. Deshalb lohnt es sich, die Verbformen des *indefinido* gut zu lernen!

START

Lesen Sie den Chat und unterstreichen Sie die Verbformen im *indefinido*.

Hola, ¿muy ocupada? 11:08

Sí, ¿tú no? 11:10

Más o menos. Ayer yo no trabajé, tuve el día libre, así que por la tarde hice deporte, y por la noche Victoria y yo fuimos al cine y después al Bar Celona. ¡Fue un día muy bonito! 11:11

¡Qué bien! Yo ayer no te escribí porque tuvimos todo el día un curso de Excel, hicimos muchos ejercicios y trabajamos mucho. 11:12

¿Y aprendiste algo nuevo? 11:13

Claro, aprendí muchas cosas, ¡y Mario finalmente aprendió a hacer tablas! 11:19

SEHEN

Ergänzen Sie die zwei Verbtabellen.

Regelmäßige Verben:

	trabajar	aprender	escribir
yo	________	________	________
tú	trabaj**aste**	________	escrib**iste**
él / ella / usted	trabaj**ó**	________	escrib**ió**
nosotros/-as	________	aprend**imos**	escrib**imos**
vosotros/-as	trabaj**asteis**	aprend**isteis**	escrib**isteis**
ellos / ellas / ustedes	trabaj**aron**	aprend**ieron**	escrib**ieron**

Unregelmäßige Verben:

	ser / ir	tener	hacer
yo	fui	________	________
tú	fuiste	tuviste	hiciste
él / ella / usted	________	tuvo	hizo
nosotros/-as	________	________	________
vosotros/-as	fuisteis	tuvisteis	hicisteis
ellos / ellas / ustedes	fueron	tuvieron	hicieron

VERSTEHEN

Ergänzen Sie nun die folgenden Regeln zur Bildung des *indefinido*.

Regelmäßige Verben:

- Zur Bildung des *indefinido* werden die *indefinido*-Endungen an den ☐ Infinitiv ☐ Verbstamm angehängt.
- Bei allen regelmäßigen Verben haben die 1. Person und 3. Person Singular einen ________ !
- Die 1. Person Plural (*nosotros*) der Verben auf ☐ *-ar* und *-er* ☐ *-ar* und *-ir* ist dieselbe wie im Präsens. Man unterscheidet die Formen über den Kontext.

34 *Pretérito indefinido*

! Einige Verben auf *-ir*, die im Präsens den Stammvokal verändern, ändern auch im *indefinido* den Stammvokal, und zwar in der 3. Person Singular und Plural, z. B.
dormir → durmió, durmieron *pedir → pidió, pidieron*
Bei einigen Verben ändert sich in der 1. Person Singular die Schreibweise, u. a. damit die korrekte Aussprache beibehalten werden kann, z. B.

*empezar → yo empe**c**é*	*buscar → yo bus**qu**é*	*llegar → yo lle**gu**é*
*comenzar → yo comen**c**é*	*tocar → yo to**qu**é*	*pagar → yo pa**gu**é*

Unregelmäßige Verben:

- Die *indefinido*-Formen von ________ und ________ sind identisch. Durch den Kontext versteht man, welches Verb gemeint ist.
- Unregelmäßige Verben haben im *indefinido* einen unregelmäßigen Wortstamm, aber die ☐ Stammvokale ☐ Endungen sind bei fast allen Verben gleich und haben keinen Akzent!

Wichtige unregelmäßige Verben:

estar →	estuv-	
hacer →	hic-	**-e**
poder →	pud-	**-iste**
poner →	pus-	**-o**
querer →	quis-	**-imos**
saber →	sup-	**-isteis**
venir →	vin-	**-ieron**

! **Achtung:** die 3. Person Singular von *hacer* schreibt man mit ***z***: *él hizo*. Bei einer Gruppe unregelmäßiger Verben wie *decir* und *traer* entfällt in der 3. Person Plural das *-i* der Endung:
decir → (ellos) dijeron
traer → (ellos) trajeron

ANWENDEN

1. Ergänzen Sie die Verben im *indefinido* mit den fehlenden Buchstaben.

a. com _i_ _e_ ron	g. viaj _ m _ _	m. bail _ st _ i _
b. tuv _ _ _ _ _ s	h. vin _ _ ro _	n. ha _ _ é
c. hic _ _ t _	i. tom _ st _	o. pusi _ _ o _
d. ente _ _ _ ó	j. ent _ nd _	p. beb _ _ _ s
e. est _ _ e	k. qu _ si _ _ e	q. pus _ m _ _
f. est _ _ ió	l. _ _ e	r. viv _ _ _ e _ s

2. **Ordnen Sie jetzt die Verben aus Übung 1 den Pronomen zu.**

yo	______	______	______
tú	______	______	______
él / ella / usted	______	______	______
nosotros/-as	______	______	______
vosotros/-as	______	______	______
ellos / ellas / ustedes	______	______	______

3. **Vervollständigen Sie die Minidialoge mit den Verben im *indefinido*.**

a. ◆ Sara, ¿qué ______ (hacer) anoche?
○ ______ (estar) con una amiga en su casa.

b. ▲ ¿Conocéis Italia?
◘ Sí, el año pasado ______ (viajar) a Roma.

c. ◆ ¿Dónde ______ (comer) Alberto y Rita ayer?
✚ En un restaurante cerca del trabajo.

d. ▲ ¿Nuria y tú ______ (bailar) el fin de semana pasado?
○ Sí, el viernes en una fiesta y el sábado en una discoteca.

e. ◘ ¿Qué ______ (estudiar) tu hijo?
◆ Periodismo, en la Universidad de Navarra, y ahora trabaja en El País.

f. ◘ ¿Desde cuándo conoce Miranda a su marido?
▲ Miranda ______ (conocer) a Gerardo en 2015, en Barcelona.

ocupado	beschäftigt	lindo	schön
más o menos	mehr oder weniger	periodismo	Journalismus

★ 35 *Pretérito imperfecto*

Das *pretérito imperfecto* (Imperfekt) wird im Spanischen verwendet, um Personen, Dinge oder Zustände in der Vergangenheit zu beschreiben und um Gewohnheiten oder sich wiederholende Handlungen in der Vergangenheit auszudrücken.

*Cuando **éramos** niños, **teníamos** un televisor en blanco y negro.*

Als wir Kinder **waren, hatten** wir einen Schwarz-Weiß-Fernseher.

START

In den 80ern. Unterstreichen Sie im Dialog die Verben im Imperfekt.

◆ ¿Recuerdas la música que escuchabas en los años 80?

○ Claro, en aquella época mis amigos y yo escuchábamos música de Queen y de Michael Jackson, pero yo escuchaba sobre todo música en español. Tenía muchos CD de Miguel Bosé y de Mecano, que eran muy famosos en los 80.

○ ¿Tenías discos? ¡Qué gracioso! ¿También veías vídeos?

◆ Sí, veíamos vídeos en MTV.

○ ¿Y qué hacías los fines de semana?

◆ Salía con amigos, por ejemplo, íbamos a las discotecas a bailar. En esa época había una discoteca que era muy famosa, “La Cueva”. Yo iba mucho a esa discoteca.

SEHEN

Ergänzen Sie die Tabellen mit den unterstrichenen Verbformen.

Regelmäßige Verben:

	escuchar	tener	salir
yo	______	______	______
tú	______	______	salías
él / ella / usted	escuchaba	tenía	salía
nosotros/-as	______	teníamos	salíamos
vosotros/-as	escuchabais	teníais	salíais
ellos / ellas / ustedes	escuchaban	tenían	salían

Unregelmäßige Verben:

	ser	ir	ver
yo	era	________	veía
tú	eras	ibas	________
él / ella / usted	________	iba	veía
nosotros/-as	éramos	________	________
vosotros/-as	erais	ibais	veíais
ellos / ellas / ustedes	________	iban	veían

VERSTEHEN

Ergänzen Sie nun die folgenden Regeln.

- Zur Bildung des *imperfecto* werden die Endungen an den ☐ Verbstamm ☐ Infinitiv angehängt.
- Die Verben auf ☐ *-ar* ☐ *-er* ☐ *-ir* bilden das Imperfekt mit den Endungen *-aba*, *-abas*, *-aba*, *-ábamos*, *-abais*, *-aban*.
- Die Verben auf ☐ *-ar* und *-er* ☐ *-er* und *-ir* haben im Imperfekt die gleichen Endungen: *-ía*, *-ías*, *-ía*, *-íamos*, *-íais*, *-ían*:
  tener → teníamos *salir → salíamos*
- Die Formen der ________ und ________ Person Singular sind im Imperfekt bei allen Verben gleich: *Yo escuchaba música.* *Ella escuchaba música.*
- Im Imperfekt gibt es nur drei unregelmäßige Verben: ________, ________ und ________.

! Das Imperfekt von *hay* (es gibt) ist *había*. Wie im Deutschen wird es nur im Singular verwendet:

***Había** una discoteca.*	Es gab eine Diskothek.
***Había** muchas discotecas.*	Es gab viele Diskotheken.

ANWENDEN

1. Antonio erinnert sich an die Zeit, als er ein Kind war. Kreuzen Sie die richtige Alternative an.

a. Yo ☐ era / ☐ eras muy feliz y no ☐ tenía / ☐ tenían problemas.

b. A mí ☐ me gustaba / ☐ me gustaban leer libros de aventuras.

c. Mis hermanos y yo ☐ teníais / ☐ teníamos casetes para escuchar música.

d. Las cámaras de fotos ☐ eran / ☐ era muy grandes.

e. Mi abuela ☐ escuchabas / ☐ escuchaba música de Julio Iglesias.

f. En casa ☐ no habíamos / ☐ no había internet.

2. Ergänzen Sie die Fragen und Antworten mit dem Imperfekt und verbinden Sie sie dann miteinander.

1. ¿Tú ____________ (hablar) con tus amigos por internet?
2. ¿Vosotros ____________ (comer) pizzas y hamburguesas?
3. ¿Tus padres ____________ (tener) un navegador o GPS?
4. ¿Ustedes ____________ (aprender) idiomas en el colegio?

a. No, no ____________ (existir) internet.

b. Sí, pero ____________ (estudiar) solo francés.

c. No, ellos ____________ (usar) un plano.

d. Sí, nos ____________ (gustar) mucho.

3. Früher war es anders. Ergänzen Sie die Texte mit den richtigen Verben und Formen.

a. Antes de tener un bebé, Carmen y Fer ____________ mucho y siempre ____________ a lugares exóticos. También les ____________ mucho los viajes de aventuras.

ir gustar viajar

b. Cuando yo ____________ estudiante, ____________ en un piso compartido con tres estudiantes. Siempre ____________ en la biblioteca porque mis compañeros ____________ muchas fiestas y yo no ____________ estudiar en el piso.

estudiar poder ser vivir hacer

c. Antes de ser la directora del Hotel Palace en Madrid, Elvira ____________ en un hotel pequeño en Murcia. ____________ menos dinero, pero ____________ una vida más tranquila.

ganar
tener
trabajar

gracioso	witzig	ganar	*hier:* verdienen
el piso compartido	Wohngemeinschaft	viaje de aventura	Abenteuerreise

36 Gegenüberstellung der Vergangenheitszeiten

Das Perfekt, das *indefinido* und das Imperfekt werden gebraucht, um über die Vergangenheit zu sprechen, aber es gibt Unterschiede im Gebrauch dieser Zeiten.

*Esta tarde **han venido** muchas personas a la exposición.*
*Ayer **vinieron** muchas personas a la exposición.*
*Antes **venían** muchas personas a la exposición.*

Manchmal ist es schwierig zu entscheiden, welche Vergangenheitsform man benutzen soll. Sie können sich an bestimmten Signalwörtern orientieren, die oft in Verbindung mit der jeweiligen Vergangenheitsform stehen. Und Sie werden mit der Zeit auch ein Sprachgefühl dafür entwickeln.

START

Reiseerfahrungen. Unterstreichen Sie im Text über Sevilla die Formen des Perfekts in Grün, des *indefinido* in Blau und des Imperfekts in Rot. Achten Sie auch auf die fett gedruckten Zeitangaben.

He estado en Sevilla **muchas veces**. Es una de mis ciudades favoritas de España. Fui a Sevilla por primera vez cuando tenía 17 años y me enamoré de Sevilla desde el primer momento...y también de una sevillana. 😊 **En esa época** no había tantos turistas y no era necesario reservar visitas guiadas para visitar los monumentos más importantes. **El año pasado** viajé a Sevilla en mayo. Ahora muchas cosas han cambiado en la ciudad, pero hay algo que para mí no ha cambiado: Sevilla es la ciudad más bonita de España.

36 Gegenüberstellung der Vergangenheitszeiten

SEHEN

Ergänzen Sie jetzt die Tabelle zur Verwendung der Vergangenheitszeiten.

Pretérito perfecto		Pretérito indefinido		Pretérito imperfecto	
hoy	heute	ayer	gestern	cuando era niño	als ich ein Kind war
esta semana	diese Woche	la semana pasada	letzte Woche	de joven	als junger Mensch
este año	dieses Jahr	________ ________	letztes Jahr	antes	früher
alguna vez	einmal	la última vez	das letzte Mal	________ ________	damals
________ ________	oft	en 2010	2010		
todavía no	noch nicht				
________ ________ en Sevilla muchas veces.		El año pasado ________ a Sevilla en mayo.		En esa época no ________ tantos turistas.	
Ich bin schon oft in Sevilla gewesen.		Im Mai letzten Jahres bin ich nach Sevilla gereist.		Damals gab es nicht so viele Touristen.	
Ahora muchas cosas ________ .		________ a Sevilla por primera vez cuando ...		No ________ necesario reservar visitas guiadas.	
Jetzt haben sich viele Dinge geändert.		Ich fuhr zum ersten Mal nach Sevilla, als ...		Es war nicht nötig, Führungen zu reservieren.	

VERSTEHEN

Wann wird was benutzt? Vervollständigen Sie die Regeln.

- *Hoy*, *esta semana*, *este año* sind Signalwörter für ________, denn sie stellen einen Bezug zur Gegenwart her.
- *Ayer*, *la semana pasada*, *el año pasado* sind Signalwörter für ________. Das *indefinido* steht auch in Verbindung mit Zeitangaben wie *hace tres años*, *de 2010 a 2015*, ________ *2010*.
- *Antes*, *en aquel entonces*, *en aquella época* sind Signalwörter für ________.

- Beschreibungen im Imperfekt werden auch oft durch Zeitangaben eingeleitet wie *cuando era* __________, *de* __________, *cuando tenía* __________.
- Wenn man über abgeschlossene Ereignisse spricht, die zu einem bestimmten Zeitpunkt in der Vergangenheit stattgefunden haben, verwendet man ☐ *perfecto*. ☐ *indefinido*. ☐ *imperfecto*.
- Wenn man Situationen, Personen oder Dinge in der Vergangenheit beschreiben will, Umstände schildert oder von wiederholten Handlungen spricht, verwendet man ☐ *perfecto*. ☐ *indefinido*. ☐ *imperfecto*.
- Wenn man über vergangene Handlungen spricht, deren Zeitpunkt nicht relevant ist, verwendet man ☐ *perfecto* ☐ *indefinido* ☐ *imperfecto* zusammen mit Zeitangaben wie *alguna vez*, *muchas veces* oder *todavía no*.

ANWENDEN

1. Welche Zeitangabe passt besser? Ergänzen Sie mit der richtigen Option.

a. Fabián ha terminado sus estudios __________. de niño / este año
b. Corina visitó a sus amigos en Quito __________. el verano pasado / hoy
c. ¿Vosotros habéis estado en Asia__________? ayer / alguna vez
d. __________ tenía una bicicleta rosa. De niña / Varias veces
e. En mi pueblo __________ solo había un supermercado. antes / la semana pasada
f. Marifer estudió piano __________. de 2002 a 2010 / alguna vez

! Bei der Bewertung einer vergangenen Handlung, die in einem abgeschlossenen Zeitraum stattgefunden hat, wird das *indefinido* verwendet.
◆ *¿Qué tal tu viaje a Sevilla?* ○ *¡Fue fantástico!*

2. *Perfecto* oder *indefinido*? Kreuzen Sie die richtige Option an.

a. ◆ ¡Qué bonitos sombreros! ¿Los ☐ has comprado / ☐ compraste el fin de semana pasado en Otavalo?
○ Sí, el sábado pasado ☐ he ido / ☐ fui con unos amigos y ☐ hemos pasado / ☐ pasamos cuatro horas en el mercado y después ☐ hemos comido / ☐ comimos ahí también.

b. ▲ Ayer ☐ ha sido / ☐ fue nuestro primer día en Buenos Aires, y esta mañana ☐ hemos visitado / ☐ visitamos la Casa Rosada, muy interesante.

◆ Sí, ☐ hemos reservado / ☐ reservamos la visita guiada por internet hace una semana.

c. ◆ Quiero hacer el Camino de Santiago el próximo año.

○ Yo ya ☐ he hecho / ☐ hice el Camino de Santiago dos veces.

◆ ¿Ah sí?

○ Sí, una vez lo ☐ hemos hecho / ☐ hicimos Andrea y yo en bicicleta, hace cinco años, y el verano pasado ☐ he caminado / ☐ caminé yo solo.

! Mit dem Imperfekt werden Begleitumstände, Hintergrundhandlungen und Begründungen dargestellt. Einmalige oder neu einsetzende Handlungen werden mit dem *indefinido* ausgedrückt. Als Unterscheidungshilfe zwischen *indefinido* und Imperfekt kann man für das Imperfekt die Frage „Was war?" stellen, für das *indefinido* „Was passierte (danach)?".

Antes yo no hacía deporte, pero un día Fer me invitó a jugar al fútbol en un equipo.
Früher habe ich keinen Sport gemacht, aber eines Tages hat Fer mich eingeladen, in einer Fußballmannschaft zu spielen.

Cuando paseaba por el centro, me encontré con Carmen.
Als ich im Zentrum spazieren war, habe ich Carmen getroffen.

3. Die Welt entdecken. *Indefinido* oder *imperfecto*?

a. Cuando yo ____________ (ser) niño, ____________ (ir) siempre de vacaciones a la playa con mis padres y mis hermanos, pero cuando ____________ (tener) 19 años, en 2012, ____________ (hacer) mi primer viaje solo: ____________ (viajar) por Chile durante seis meses. ¡__________ (ser) una experiencia inolvidable!

b. Mis padres antes solo ____________ (ir) de vacaciones a las montañas porque les ____________ (gustar) hacer senderismo. Pero ahora que están jubilados, les gusta mucho descubrir lugares nuevos. Por ejemplo, hace dos años ____________ (hacer) un crucero por la Patagonia, y el año pasado ____________ (ir) a las Islas Galápagos. ¡Qué vida la de los jubilados!

4. ***Perfecto*, *indefinido* oder *imperfecto*? Erzählen Sie eine kurze Geschichte wie im Beispiel.**

a. ir a Sierra Nevada para esquiar no haber nieve no poder esquiar	Este fin de semana Nuri ha ido a Sierra Nevada para esquiar, pero no había nieve y no ha podido esquiar.
b. no hacer la excursión hacer mucho calor ir a la playa	El sábado pasado nosotros ________ ________ porque ________ ________ y entonces ________ .
c. ir al Museo Botero haber mucha gente no entrar	Hoy Maru y Raúl ________ , pero ________ y ________ al museo.
d. alquilar una moto ir en la moto tener un accidente	El fin de semana pasado Julieta ________ ________ , pero cuando ________ ________ a la playa, ________ ________ .

! In vielen Ländern Lateinamerikas und in einigen Regionen Spaniens wird statt des Perfekts das *indefinido* verwendet.

enamorarse	sich verlieben	inolvidable	unvergesslich
por primera vez	zum ersten Mal	el jubilado	Rentner
hace tres años	vor drei Jahren	alquilar	mieten

37 Die nahe Zukunft mit *ir a* + Infinitiv

Feste Absichten oder Handlungen, die für die nahe Zukunft fest geplant sind, und unmittelbar bevorstehende Ereignisse werden im Spanischen sehr häufig mit *ir a* + Infinitiv (auch *futuro próximo* genannt) ausgedrückt:
*Este fin de semana **voy a cocinar** una paella para mis amigos.*
Am Wochenende **werde ich** eine Paella für meine Freunde **machen**.

START

Lesen Sie die Pläne für das Wochenende und unterstreichen Sie die Zukunftsformen mit *ir a* + Infinitiv.

- ◆ ¡Qué bien, fin de semana! El sábado y el domingo voy a levantarme tarde. ¡Dos días para descansar!
- ○ ¿Descansar? Pues yo tengo otros planes: el viernes por la noche voy a salir con mis amigos, el sábado por la mañana voy a ir de compras con Renata, y por la tarde vamos a ver la nueva película de Guillermo del Toro, y después del cine...
- ◆ Ya ya... entiendo, este fin de semana tú y yo no vamos a hacer nada juntos.

SEHEN

Ergänzen Sie die Tabelle mit den Verbformen, die Sie unterstrichen haben.

	ir		Infinitiv
yo	________		
tú	vas		________
él / ella / usted	va		________
nosotros/-as	________	a	________
vosotros/-as	vais		________
ellos/-as / ustedes	van		________

VERSTEHEN

Ergänzen Sie folgende Regeln zur nahen Zukunft.

- Die nahe Zukunft wird gebildet mit dem Verb *ir* im ☐ Präsens ☐ Infinitiv und dem eigentlichen Verb im ☐ Präsens. ☐ Infinitiv. Dazwischen wird *a* gesetzt.
- Bei der Konstruktion *ir a* + Infinitiv kann man die Reflexivpronomen oder Objektpronomen an den Infinitiv anhängen: *voy a* ____________ *tarde*

ANWENDEN

1. Wer wird was machen? Verbinden Sie.

1. van a ir a un centro comercial	a. tú
2. vamos a cocinar juntos	b. Yoli y Renata
3. vais a limpiar vuestro piso	c. tú y tus compañeros de piso
4. voy a ver la tele todo el día	d. mi mujer y yo
5. vas a encontrarte con amigos	e. Yoli
6. va a ir al cine con una amiga	f. yo

! *Ir a* + Infinitiv wird verwendet, wenn der Sprecher ein Ereignis als sicher oder sehr wahrscheinlich ansieht. Für ein Ereignis, das man als weniger wahrscheinlich oder weit entfernt ansieht, wird das *futuro simple* verwendet (siehe nächstes Kapitel).

2. Ergänzen Sie die Nachrichten mit den Verben in der Zukunftsform *ir a* + Infinitiv.

dormir hacer venir ver

¡Hola, Paco! ¿Qué ____________ tú y Yoli mañana?

Mañana yo ____________ hasta tarde.

¡Ah, pues Juanjo y yo ____________ en casa el partido de fútbol! También ____________ Carlos y Sergio. ¿Vienes también?

Sí.

Wenn man ein zukünftiges Ereignis als sehr sicher ansieht, kann man im Spanischen – genau wie im Deutschen – auch das Präsens verwenden.

El sábado voy al cine. Am Samstag gehe ich ins Kino.

3. **Weitere Pläne. Beantworten Sie die Fragen mit den vorgegebenen Begriffen und nutzen Sie dabei *ir a* + Infinitiv.**

a. ¿Qué vas a hacer hoy después del trabajo? ______________________ deporte en gimnasio hacer el

b. ¿Por qué Cristina no va a cenar hoy en casa? ______________________ a porque madre su visitar

c. ¿Qué vais a hacer por la tarde? ______________________ la biblioteca en estudiar

d. ¿Qué vamos a hacer después del cine? ______________________ juntos cerveza tomar una

e. ¿Dónde va a ser la fiesta de Joaquín? ______________________ celebrar en bar cumpleaños un su

el centro comercial Einkaufszentrum
celebrar feiern
el cumpleaños Geburtstag

★ 38 Das *futuro simple*

Für zukünftige Ereignisse, die man als weniger wahrscheinlich oder weit entfernt ansieht, wird im Spanischen das *futuro simple* (auch Futur I genannt) verwendet. Das *futuro simple* hat eigene Regeln zur Bildung der Verbformen.

*El próximo año **trabajaré** en una empresa internacional y **ganaré** mucho dinero.*

Nächstes Jahr **werde** ich in einer internationalen Firma **arbeiten** und viel Geld **verdienen**.

START

Lesen Sie die Überschriften von Nachrichten und unterstreichen Sie die Verben im *futuro simple*.

El precio de la gasolina subirá otra vez en los primeros días de enero.

La escritora Julia Navarro hablará sobre su nuevo libro este fin de semana en Madrid.

El Museo de la Ciencia tendrá una nueva sección para niños el próximo año.

Penélope Cruz y Javier Bardem volverán a España a finales de este año.

SEHEN

Ergänzen Sie die Tabelle mit den fehlenden Formen des *futuro simple*.

	regelmäßige Verben			unregelmäßige Verben
	hablar	**volver**	**subir**	**tener**
yo	habla**ré**	volve**ré**	subi**ré**	tend**ré**
tú	habla**rás**	volve**rás**	subi**rás**	tend**rás**
él / ella / usted	________	volve**rá**	________	________
nosotros/-as	habla**remos**	volve**remos**	subi**remos**	tend**remos**
vosotros/-as	habla**réis**	volve**réis**	subi**réis**	tend**réis**
ellos/-as / ustedes	habla**rán**	________	subi**rán**	tend**rán**

VERSTEHEN

Ergänzen Sie nun die folgenden Regeln zum *futuro simple*.

- Die Endungen des *futuro simple* werden an den ☐ Verbstamm ☐ Infinitiv des Verbs angehängt.

- Das *futuro simple* hat ☐ die gleichen ☐ unterschiedliche Endungen für die drei regelmäßigen Verbgruppen (*-ar*, *-er*, *-ir*) und auch für alle unregelmäßigen Verben, wie z. B. __________ .
- Alle Futur-Endungen außer bei ☐ *vosotros* ☐ *nosotros* haben im *futuro simple* einen Akzent. Die Betonung liegt also nie auf dem Verbstamm.
- Das *futuro simple* wird verwendet, um Aussagen über die Zukunft zu machen mit Zeitangaben wie *mañana*, *este* ________________ , *el próximo* __________ , *dentro de un año*, usw.
- Bei den unregelmäßigen Verben werden die Endungen an ☐ einen eigenen Futur-Stamm ☐ den Präsens-Stamm angehängt. Neben *tener* haben noch weitere Verben einen unregelmäßigen Stamm:

Infinitiv	decir	hacer	poder	poner	querer	saber	salir	venir
Futur-Stamm	dir-	har-	podr-	pondr-	querr-	sabr-	saldr-	vendr-

! Die Zukunftsform von *hay* ist *habrá*.
*El próximo año **habrá** elecciones presidenciales en Colombia.*
Nächstes Jahr wird es in Kolumbien Präsidentschaftswahlen geben.

ANWENDEN

1. Ordnen Sie die folgenden Formen des *futuro simple* in die Tabelle ein.

comeremos dará hará podremos estarás diré aprenderé
pondréis iréis vendrán saldrás cambiarán

	regelmäßig	**unregelmäßig**
yo	__________	__________
tú	__________	__________
él / ella / usted	__________	__________
nosotros/-as	__________	__________
vosotros/-as	__________	__________
ellos/-as / ustedes	__________	__________

2. Weitere Überschriften. Ergänzen Sie die Sätze mit sieben Verbformen aus Übung 1.

a. Hoy presentamos cinco proyectos que ______________ el mundo.
b. Neto Parra ______________ un concierto benéfico este 2 de julio.
c. TechSpain ______________ la presentación de sus nuevos productos el 10 de marzo.
d. Al Congreso de Santiago ______________ representantes de ocho países.
e. Dentro de unos años nosotros ______________ viajar a Marte.
f. El presidente asegura: "Yo siempre ______________ la verdad".
g. La alimentación en el futuro: ¿Qué y cómo ______________ en 2050?

3. Ergänzen Sie das Interview mit Neto Parra mit den Verben im *futuro simple*.

Neto Parra, el vocalista del grupo musical Los del Norte, ofrecerá un concierto benéfico en esta ciudad. Hoy hablamos con él sobre sus planes.

◆ Neto, ¿qué ______________ (hacer) después de este concierto?

○ Pues primero el grupo y yo ______________ (continuar) con la gira por otras ciudades españolas, y después creo que yo ______________ (hacer) una pausa para descansar y también ______________ (pasar) tiempo con mi familia.

◆ ¿Tienes planes para grabar un nuevo disco?

○ Sí, claro, ese nuevo disco ______________ (ser) una sorpresa.

◆ ¿Cuándo ______________ (estar) lista esa sorpresa?

○ Todavía no lo sabemos exactamente, dentro de unos meses.

◆ ¿Y ____________ (haber) más sorpresas? ¿Qué otros proyectos tienes?

○ Tenemos un proyecto social que ______________ (ayudar) a niños que quieren estudiar música.

la gasolina	Benzin	la verdad	Wahrheit
a finales de	gegen Ende	la alimentación	Ernährung
el concierto benéfico	Benefizkonzert	el vocalista	Sänger
asegurar	versichern	la gira	Tournee

★ 39 Der Imperativ

Der Imperativ (Befehlsform) wird wie im Deutschen verwendet, um Anweisungen, Befehle und Ratschläge zu geben, um eine Erlaubnis zu erteilen oder um etwas anzubieten.

*¡**Habla** más despacio, por favor!*
Sprich bitte langsamer.

*¡**Prueba** la paella!*
Probier mal die Paella!

START

Ratschläge zur Vorbereitung auf einen Ultralauf in Mallorca. Unterstreichen Sie alle Verben im Imperativ.

Ultra Mallorca Serra de Tramuntana.
Consejos para prepararse:

- Empieza con la preparación al menos seis meses antes.
- Haz la preparación con un grupo.
- Corre cuatro días a la semana.
- Sal de tu casa para entrenar a las 6 de la mañana.
- Duerme al menos 8 horas cada noche.
- Toma vitaminas.
- Escribe un diario de tu entrenamiento.
- Sé paciente.

SEHEN

Ergänzen Sie die Tabelle mit den Imperativen, die Sie unterstrichen haben.

Regelmäßige Verben

	tomar (-ar)	correr (-er)	escribir (-ir)
tú	______	______	______
vosotros/-as	toma**d**	corre**d**	escribi**d**
usted	tom**e**	corr**a**	escrib**a**
ustedes	tom**en**	corr**an**	escrib**an**

Verben mit Vokalwechsel

	empezar (e → ie)	dormir (o → ue)	pedir (e → i)
tú	____	____	pide
vosotros/-as	empezad	dormid	pedid
usted	empiece	duerma	pida
ustedes	empiecen	duerman	pidan

Unregelmäßige Verben

	ser	ir	hacer	tener	poner	decir	salir	venir
tú	____	ve	____	ten	pon	di	____	ven
vosotros/-as	sed	id	haced	tened	poned	decid	salid	venid
usted	sea	vaya	haga	tenga	ponga	diga	salga	venga
ustedes	sean	vayan	hagan	tengan	pongan	digan	salgan	vengan

VERSTEHEN

Ergänzen Sie die folgenden Regeln zum Imperativ.

- Verben, die im Präsens den Verbstamm verändern, tun dies auch im Imperativ.
- Die regelmäßigen Imperativformen für *tú* sind wie im Präsens, aber ☐ ohne *-s*: ☐ mit *-d*: *tú corres* (du läufst) → *(tú) corre* (laufe)
- Der Imperativ für *vosotros* ist sehr einfach: man ersetzt das *-r* der Infinitiv-Endung durch ein ☐ *-s*. ☐ *-d*. Dies gilt für alle Verben, es gibt keine Ausnahmen.
- Die Imperativform für *usted* wird bei allen Verben in der Regel ausgehend von der 1. Person Präsens gebildet: *yo hago → (usted) haga*
  Die Verben mit Infinitiv auf *-ar* bilden den Imperativ für *usted* mit ______ , die Verben mit Infinitiv auf *-er* und *-ir* bilden ihn mit ______ .
  yo tomo → (usted) tome *yo como → (usted) coma* *yo escribo → (usted) escriba*
- Beim Imperativ von *ustedes* hängt man bei allen Verben an die *usted*-Form noch ein ☐ *-n* ☐ *-s* an: *(usted) tome → (ustedes) tomen*

! Bei einigen Verben ändert sich die Schreibweise:

llegar → llegue *buscar → busque* *empezar → empiece*

ANWENDEN

1. **Schreiben Sie Ratschläge mit den Imperativ-Formen und Textbausteinen aus den Kästchen.**

una botella de agua el programa ~~alimentos saludables~~ con un experto positivamente los ejercicios al entrenamiento

a. tú, comer ¡Come alimentos saludables!

b. usted, pensar ____________________

c. vosotros, consultar ____________________

d. ustedes, empezar ____________________

e. usted, llevar ____________________

f. ustedes, practicar ____________________

g. tú, venir ____________________

! Im Spanischen gibt es auch einen verneinten Imperativ. Die Formen für *usted* und *ustedes* sind in der Verneinung gleich wie beim bejahten Imperativ, die anderen lernen Sie auf dem Niveau B1 kennen.

*¡**No trabaje** tanto!* Arbeiten Sie nicht so viel!

*¡**No beban** tanto alcohol!* Trinken Sie nicht so viel Alkohol!

2. **Emilio bereitet sich auf den Ultralauf vor. Ergänzen Sie den Dialog mit den Imperativformen von *tú*.**

○ La preparación es muy importante. ____________ (combinar) diferentes actividades. ____________ (correr) cuatro veces a la semana, pero también ____________ (nadar) dos veces a la semana, y los fines de semana ____________ (ir) en bicicleta.

◆ Vale, ¿y qué más?

- ○ ______ (hacer) también un ejercicio relajante como el yoga y ______ (practicar) la meditación.
- ◆ ¿Todos los días?
- ○ Sí, ______ (escribir) un plan con todas las actividades del día. Y claro, ¡ ______ (seguir) el plan!
- ◆ Vale: deporte, yoga y meditación todos los días. ¿Y a qué hora trabajo?
- ○ Buena pregunta... ¡ ______ (buscar) tú la respuesta!

Die Imperativform für *nosotros* wird hier nicht behandelt, weil sie im Spanischen nicht oft verwendet wird. Man ersetzt sie meist durch die Präsensform: *¡Vamos, niños!*

3. Nicht alle Ratschläge sind gut. Vervollständigen Sie den Text mit dem Imperativ für *usted*.

El primer consejo importante es la alimentación: ______ (comer) mucha pasta, al menos un kilo de pasta al día. Los carbohidratos son básicos para el deportista. ______ (beber) una o dos cervezas después del entrenamiento. La cerveza tiene vitamina B6 y B12. ______ (ver) la televisión mínimo dos horas al día para estar bien informado. ______ (hacer) un plan inteligente y ______ (descansar) mínimo cinco días a la semana. Por último, ______ (salir) de fiesta dos o tres veces a la semana y ______ (volver) a casa a las tres o cuatro de la mañana, ¡es importante divertirse!

! Der Imperativ wird auch in Redewendungen und höflichen Aufforderungen verwendet:

Oye.	Sag mal.	*¡Tenga!*	Hier, bitte sehr!
¿Díga(me)?	Hallo? *(am Telefon)*	*¡Venga!*	Los!

Man verdoppelt den Imperativ, wenn man eine Erlaubnis erteilt oder zur Aufmunterung:

¡Pasa, pasa!	Komm doch rein!	*¡Cuenta, cuenta!*	Erzähl mal!

4. Ergänzen Sie die Dialoge mit den passenden Imperativen. Achtung, teils wird verdoppelt – und ein Verb bleibt übrig.

cuenta venga diga cuenta oye pase tenga pase

a. ◆ ¿ ________________ ?
▲ Hola, Emilio, soy Rosario.
◆ Hola, Rosario, ¿qué tal?

b. ○ ________________ , ¿vamos a tomar algo hoy por la noche?
▲ No puedo, tengo clase de yoga.

c. □ ¿Quieres saber una buena noticia?
◆ Claro, ¡ ________________ !

d. ■ Señor Trejo, ¿puedo pasar?
● Sí, Sra. Cortés, ¡ ________________ !

e. ○ Chicos, ¿ya estáis listos?
▲ No...
○ ¡ ________________ !, chicos, ¡ya es muy tarde!

Serra de Tramuntana	Gebirge im Norden Mallorcas	el entrenamiento	Training
el consejo	Ratschlag	nadar	schwimmen
al menos	mindestens	saludable	gesund
		los carbohidratos	Kohlenhydrate

40 Der Imperativ mit Pronomen

Mit dem Imperativ werden häufig Reflexivpronomen und Objektpronomen verwendet. Man muss dabei bestimmte Regeln beachten.

Levántate.	*Cómpralo.*
Steh auf.	Kauf es.

START

Emilio ist bereit für den Lauf. Unterstreichen Sie im Dialog die Imperativformen und die zugehörigen Pronomen.

- ○ ¿Estáis listos para la carrera?
- ◆ Sí, pero yo estoy muy nervioso.
- ○ Relájate, Emilio, todo va a estar bien.
- ▲ Yo también estoy un poco nervioso.
- ○ Vamos chicos, relajaos, que es solo una carrera. Voy a hacer muchas fotos.
- ◆ Muy bien. ¿Y tú me envías las fotos?
- ○ Sí, ¿a tu móvil?
- ◆ No, envíamelas a mi correo electrónico, ¿vale?
- ○ ¡Claro!

SEHEN

Ergänzen Sie die Tabelle mit den unterstrichenen Imperativen.

Deutsch	Spanisch
Entspanne dich	
entspannt euch	
schick sie mir	

VERSTEHEN

Ergänzen Sie nun die folgenden Regeln.

- Für den bejahten Imperativ werden Reflexivpronomen und Objektpronomen
  ☐ angehängt. ☐ vorangestellt.

- Bei *vosotros* entfällt dabei das _____ vor dem Reflexivpronomen *os*: *relajad* + *os* → *relajaos*
- Zur Erhaltung der Betonung wird im bejahten Imperativ bei vielen Verben mit angehängtem Pronomen ein Akzentzeichen gesetzt: *relájate, envíamelas*
- Wenn zwei Pronomen in einem Satz stehen, steht das Reflexivpronomen oder indirekte Objektpronomen ☐ vor ☐ nach dem direkten Objektpronomen: *envía*________ .

ANWENDEN

1. Verbinden Sie die Fragen und Antworten.

1. ¿Quieres una botella de agua?
2. ¡Qué frío! ¿Dónde está mi chaqueta?
3. ¿Me llevo las gafas de sol?
4. ¿Tenemos que repetir este ejercicio?
5. ¿Te podemos hablar si necesitamos algo?

a. Sí, háganlo cinco veces.
b. Sí, llévatelas.
c. Claro, llamadme al móvil
d. Sí, pásamela, por favor.
e. Aquí, póntela.

2. Emilio gibt Ratschläge. Kreuzen Sie in dem Dialog die richtigen Optionen an.

- ○ Hola, Emilio, tengo una pregunta.
- ◆ Sí, ☐ me dice / ☐ dime.
- ○ ¿Dónde me recomiendas comprar unas zapatillas para correr?
- ◆ ☐ Las compra / ☐ Cómpralas en una tienda de deporte especializada. Es muy importante probárselas. Por eso, ☐ va / ☐ ve a la tienda y ☐ pruébatelas / ☐ te pruébalas tranquilamente.
- ○ Vale. Otra pregunta. ¿Me recomiendas usar un reloj especial para correr?
- ◆ Sí, ☐ compre / ☐ compra un reloj con GPS, y ☐ lo usa / ☐ úsalo siempre, en los entrenamientos y en las carreras.
- ○ Muy bien, gracias. Si tengo otra pregunta, ¿te puedo llamar?
- ◆ Claro, ☐ llámame / ☐ me llama cuando quieras.

3. **Was sollen die Personen machen? Schreiben Sie bejahte Imperativsätze mit Pronomen wie im Beispiel. Teilweise sind dazu 2 Pronomen nötig.**

a. Usted no hace el **curso de zumba.** Hágalo.
b. Tú no te levantas temprano. ______
c. Vosotros no os apuntáis a un gimnasio. ______
d. Usted no se pone **protector solar.** ______
e. Ustedes no beben **bebidas energéticas.** ______
f. Tú no te tomas **tiempo para descansar.** ______
g. Vosotros no os ducháis con agua fría. ______
h. Usted no cambia **la alimentación.** ______
i. Ustedes no se preparan correctamente. ______

4. **Wie lauten die Imperativformen der Verben? Finden Sie in dem Wortgitter die Imperativformen mit den angehängten Pronomen für die genannten Substantive.**

I	Ó	P	S	Á	L	C	A	T
V	É	A	N	L	O	Ó	U	Ó
M	R	É	T	N	O	M	K	M
P	O	N	L	A	R	P	Q	A
H	T	G	U	U	L	R	N	L
H	A	C	E	D	L	A	S	A
F	R	I	Y	U	R	L	I	S
Q	X	S	B	É	B	A	L	O
C	I	É	R	R	E	L	A	Ó

a. tú – comprar – la bicicleta
b. tú – poner – la radio
c. usted – beber – el té
d. vosotros – hacer – las compras
e. ustedes – ver – el programa
f. tú – tomar – las fotos
g. usted – cerrar – la ventana

la carrera	*hier*: Lauf	el protector solar	Sonnenschutz
nublado	bewölkt	apuntarse	sich anmelden

Verbale Konstruktionen

Verbale Konstruktionen bestehen aus zwei Verben. Das erste Verb wird konjugiert und das zweite ist ein *gerundio*, Infinitiv oder Partizip.
Mit solchen verbalen Konstruktionen drückt man im Spanischen zum Beispiel den Anfang, den Verlauf oder das Ergebnis einer Handlung aus, im Deutschen verwendet man dazu oft ein Adverb oder eine adverbiale Bestimmung.

***Acabo de comprar** un ordenador.* Ich **habe gerade** einen Computer **gekauft**.

★ 41 Verb + *gerundio*

Das spanische *gerundio* (Gerundium) hat keine direkte Entsprechung im Deutschen. Es ist eine Verlaufsform, die Sie ähnlich vielleicht aus dem Englischen kennen. Das *gerundio* ist unveränderlich und endet auf *-ando* oder *-iendo*.
Möchte man im Spanischen den Verlauf einer Handlung betonen oder ausdrücken, dass eine Handlung weitergeht, gebraucht man eine verbale Konstruktion mit dem *gerundio*. Man verwendet also ein konjugiertes Verb wie *estar*, *seguir* (fortfahren) oder *llevar* (etw. seit ... tun) plus *gerundio*.

***Estoy hablando** con mi madre.* Ich **spreche gerade** mit meiner Mutter.

START

Unterstreichen Sie die verbalen Konstruktionen mit *gerundio*.

- ◆ Creo que Laura sigue haciendo la dieta del zumo de pomelo.
- o No, ahora está haciendo la dieta de la limonada, y ha perdido cuatro kilos.
- ◆ ¿Pero cómo?
- o Es que no come nada y solo toma una bebida especial. Lleva ocho días bebiendo agua con limón y sirope de arce.

SEHEN

Wie sagt man es auf Spanisch? Ergänzen Sie die Tabelle.

	konjugiertes Verb	*gerundio*	
estar	______	______	macht gerade ...
seguir	______	______	macht weiterhin ...
llevar	______	*ocho días* ______	trinkt seit acht Tagen ...

VERSTEHEN

Ergänzen Sie nun die folgenden Regeln und Beispiele.

- Um das *gerundio* zu bilden, wird bei den Verben auf *-ar* die Endung *-ando* an den Wortstamm angehängt. Bei den Verben auf *-er* und *-ir* wird die Endung __________ angehängt.
- Verbale Konstruktionen mit *gerundio* werden mit diesen Verben gebildet: ________, ________ und *llevar*.
- Mit dem Verb __________ + *gerundio* wird ausgedrückt, was im Moment des Sprechens oder zurzeit geschieht.
- Mit __________ + *gerundio* wird ausgedrückt, dass man etwas weiterhin (immer noch) macht, und mit __________ + Zeit + *gerundio*, wie lange man etwas macht.

! Einige Verben haben im *gerundio* einen unregelmäßigen Stamm oder sind ganz unregelmäßig:
dormir → durmiendo *venir → viniendo* *ir → yendo*
Endet der Stamm auf einen Vokal, wird *-iendo* zu *-yendo*:
leer → leyendo *oír → oyendo*

ANWENDEN

1. Was machen die Personen gerade? Kreuzen Sie die richtige Option an.

a. Hoy ☐ estoy empezando / ☐ estoy empiezando mi nueva dieta.
b. ¡Llevo dos semanas ☐ yiendo / ☐ yendo al gimnasio!
c. Luis ☐ sigues dormiendo / ☐ sigue durmiendo 9 horas cada noche.
d. Leonora ☐ llevar una semana bebiendo / ☐ lleva una semana bebiendo té verde.
e. Mis hijos ☐ están alimentándose / ☐ están se alimentando saludablemente.
f. Arnoldo y Susi ☐ siguen comiendo / ☐ seguir comiendo solo verduras orgánicas.
g. ¿Vosotros ☐ seguís leyendo / ☐ siguen leiendo el blog del Dr. Sol?

! Beim *gerundio* können Objektpronomen oder Reflexivpronomen vor dem konjugierten Verb stehen oder an das *gerundio* angehängt werden:
*Estoy preparando **la comida**. → **La** estoy preparando. / Estoy preparándo**la**.*

2. Ergänzen Sie den Text mit den angegebenen Konstruktionen.

estoy aprendiendo   está enseñando   estoy leyendo
estamos cambiando   estoy haciendo   estamos comiendo

¡Hola a todos! Ahora ________________ un libro nuevo sobre alimentación saludable y por eso en casa mi familia y yo ________________ nuestra alimentación. ________________ solo alimentos orgánicos. Además ________________ un taller de cocina muy interesante que se llama “Rico, rápido y para todos los días”. En este taller ________________ muchas cosas muy prácticas. Nacho, el instructor del taller, nos ________________ nuevas formas de cocinar y organizarnos. Pronto voy a compartir algunas recetas con vosotros.

3. *Estar*, *seguir* oder *llevar* + *gerundio*? Übersetzen Sie und ergänzen Sie die Sätze.

a. ◆ ¿Tú has cambiado de alimentación?
   ○ No, yo ________________ (bin weiterhin) vegana.

b. ▲ ¿Vosotros ya ________________ (seid beim Essen/esst gerade)?
   ○ Claro que no, os ________________ (wir warten gerade).

c. ▲ ¿Tu marido ________________ (kocht immer noch) sin carbohidratos?
   ◆ Sí, ________________ (er macht seit drei Monaten) la dieta paleo.

d. ○ ¿Marcia ________________ (wohnt immer noch) en Salamanca?
   ▲ No, ahora ________________ (sie wohnt zur Zeit) en Murcia. ________________ (Sie macht gerade) unas prácticas en un hospital.

el sirope de arce	Ahornsirup	el taller	*hier:* Workshop
la alimentación	Ernährung	el instructor	Trainer
el alimento orgánico	Bio-Lebensmittel	las prácticas *pl*	Praktikum
		la dieta paleo	Steinzeitdiät

42 Verb + Infinitiv

Sie kennen schon einige Konstruktionen mit Infinitiv wie *ir a* + Infinitiv oder *tener que* + Infinitiv (siehe Kapitel 37 und 31). Entdecken Sie hier weitere oft verwendete verbale Konstruktionen, bei denen ein konjugiertes Verb plus Präposition vor dem Infinitiv steht.

***He dejado de hacer** deporte.* Ich **habe aufgehört,** Sport **zu machen.**

START

Lesen Sie die Dialoge und unterstreichen Sie die Infinitiv-Konstruktionen.

- ○ ¿Has empezado a hacer yoga? ¡Qué bien!
- ◆ Pues no, no me gusta mucho, pero tengo que hacer un deporte suave.

- ▲ ¡Tú aquí otra vez, me alegro!
- ◆ Sí, hoy vuelvo a bailar salsa. Hay que moverse un poco, ¿no?

- ○ ¿Vas al gimnasio?
- □ No. He dejado de ir al gimnasio. Acabo de comprar una bicicleta de montaña, es mi nuevo hobby.

SEHEN

Ergänzen Sie jetzt die Tabelle.

	konjugiertes Verb	+ Infinitiv		
empezar a	______ ______	______	yoga.	Du hast angefangen, Yoga zu machen.
volver a	______	______	salsa.	Ich tanze wieder Salsa.
dejar de	______ ______	______	al gimnasio.	Ich habe aufgehört, ins Fitnessstudio zu gehen.
acabar de	______	______	una bicicleta.	Ich habe gerade ein Fahrrad gekauft.

42 Verb + Infinitiv

VERSTEHEN

Ergänzen Sie nun die folgenden Regeln.

Wiederholung soeben Beendigung Beginn

- *Empezar a* + Infinitiv drückt den ________________ einer Handlung aus.
- *Volver a* + Infinitiv drückt die ________________ einer Handlung aus.
- *Dejar de* + Infinitiv drückt die ________________ einer Handlung aus.
- *Acabar de* + Infinitiv drückt aus, dass eine Handlung ________________ beendet wurde.

! Die verbalen Konstruktionen *empezar a*, *volver a* und *dejar de* + Infinitiv kann man im Präsens und in der Vergangenheit benutzen:
Dejo de ir al gimnasio. *He dejado de ir al gimnasio.*
Acabar de + Infinitiv wird grundsätzlich nur im Präsens verwendet, auch wenn es sich auf eine Handlung in der Vergangenheit bezieht:
Acabo de comprar una bicicleta. Ich habe gerade ein Fahrrad gekauft.

ANWENDEN

1. Wie gehen die Sätze weiter? Verbinden Sie.

1. Estamos muy cansados porque
2. Me preparo para un triatlón, por eso
3. Mila tiene problemas con la rodilla y
4. Pau corrió la maratón de Berlín en 2010
5. A Rafa ya no le gusta el tenis y quiere
6. A Rita y Ceci les gusta bailar, por eso
7. Pepe hace el examen de monitor de golf y

a. ha dejado de hacer crossfit.
b. y este año vuelve a correr ahí.
c. dejar de jugar.
d. han empezado a hacer zumba.
e. acabamos de correr 20 kilómetros.
f. tiene que estudiar mucho.
g. he vuelto a nadar.

! *Tener que* + Infinitiv drückt eine Verpflichtung aus:
*Yo **tengo que** hacer deporte.* Ich muss Sport treiben.
Hay que + Infinitiv drückt auch eine Verpflichtung aus, ist aber ein unpersönlicher Ausdruck:
***Hay que** moverse.* Man muss sich bewegen.

2. Wie ist dein Yoga-Kurs? Kreuzen Sie im Dialog die richtige Option an.

◆ Hola, ¿qué tal tu curso de yoga?

○ Bien, pero ya no hago hatha yoga.

◆ ¿Y por qué ☐ has dejado de hacer / ☐ has vuelto a hacer hatha yoga?

○ Pues porque ☐ he empezado a practicar / ☐ he dejado de practicar kundalini yoga, me gusta más.

◆ Ah, qué interesante. ¡Cuántos tipos de yoga hay!

○ Sí, también he probado el bikram yoga, pero solo una vez, no lo ☐ he empezado a hacer / ☐ he vuelto a hacer porque es muy agotador. Y tú, ¿no quieres hacer yoga también?

◆ No, yo ☐ acabo de apuntarme / ☐ he dejado de apuntarme a un curso de pilates, empiezo la próxima semana.

○ Vale, bueno, a ver cuándo ☐ acabamos de hacer / ☐ volvemos a hacer algún curso juntas.

3. Ergänzen Sie den Text mit den verbalen Konstruktionen in der richtigen Zeitform.

acabar de presentar | empezar a vender | volver a ofrecer | dejar de usar

Café Azúcar Morena (CAM), el café de los deportistas, ____________________ sus nuevos productos para esta temporada. Una novedad es que CAM ____________________ sus productos en varios supermercados. Además en esta temporada ____________________ el clásico Café Tostado, uno de los grandes favoritos. CAM también ha mostrado su compromiso con el medio ambiente: ____________________ plástico en sus paquetes.

suave	sanft	mostrar (o>ue)	zeigen
la rodilla	Knie	el compromiso	Engagement
agotador	anstrengend	el medio ambiente	Umwelt
el café tostado	gerösteter Kaffee		

★ 43 *estar* + Partizip

Die Konstruktion *estar* + Partizip wird verwendet, um das Ergebnis einer Handlung auszudrücken. Zur Bildung der Partizipien siehe auch Kapitel 33.

*Las tartas **están decoradas** con una cereza.*

Die Torten **sind** mit einer Kirsche **dekoriert.**

START

Lesen Sie die Anzeige und unterstreichen Sie die verbale Konstruktion *estar* + Partizip.

Talleres de cocina de Catalina

Los talleres están diseñados para personas con y sin conocimiento de cocina.
La cocina de Catalina está equipada con los aparatos más modernos.
El curso de tapas está pensado para jóvenes que quieren aprender la preparación de tapas básicas.
Lo más importante: ¡Todas las recetas de Catalina están hechas con amor!

SEHEN

Ergänzen Sie jetzt die Tabelle mit den unterstrichenen Formen.

Substantiv	estar	Partizip
los talleres	______	______
la cocina	______	______
el curso	______	______
las recetas	______	______

VERSTEHEN

Ergänzen Sie nun die folgenden Regeln.

- *Estar* + Partizip drückt ☐ den Verlauf ☐ das Ergebnis einer Handlung aus.
- Das Verb *estar* wird konjugiert und das Partizip wird wie ein ☐ Adjektiv ☐ Substantiv gebraucht.
- Bei dieser Konstruktion stimmt das Partizip ☐ in Zahl und Geschlecht ☐ nur in Zahl mit dem Subjekt überein. Es ist also ☐ veränderlich. ☐ unveränderlich.

! Als Bestandteil des *pretérito perfecto* ist das Partizip unveränderlich (siehe Kapitel 33), nur wenn es als Adjektiv gebraucht wird, richtet es sich in Zahl und Geschlecht nach dem Bezugswort.

Pretérito perfecto: *Nosotras hemos **preparado** las bebidas.*
estar + Partizip: *Las bebidas están **preparadas**.*

ANWENDEN

1. **Ist alles fertig? Welches der Partizipien passt nicht?**

a. Catalina está	preparada	cansada	desilusionadas
b. Los participantes están	inscritos	relajados	inspiradas
c. Las mesas están	arreglado	decoradas	separadas
d. Los hornos están	apagado	encendidos	reparados
e. Las patatas están	peladas	cortada	cocidas
f. Las puertas están	abierto	cerradas	decoradas
g. La carne está	cortada	comprado	marinada

2. **Richtig oder falsch? In vier Sätzen hat sich ein Fehler eingeschlichen. Finden und korrigieren Sie die Fehler.**

a. Los chicos han cocinados muchos platos muy ricos.

____

b. Cristina, ¡estas recetas no están traducido al español!

____

c. El curso ya está pagado.

____

d. Las tartas están hechas con mantequilla fresca.

____

e. Javier ha hecho unas croquetas deliciosas.

____

f. Los talleres han empezados a tiempo.

____

g. Los ingredientes están incluido en el precio.

____

h. Las recetas de tapas han cambiado en los últimos años.

____

3. Vervollständigen Sie den Dialog mit *estar* + Partizip.

- ○ Cristina, ¿ya ______________ (poner) la mesa?
- ◆ Sí, todo ______________ (preparar).
- ○ ¿Las servilletas ______________ (doblar) en forma de flor?
- ◆ Claro, como rosas.
- ○ ¿El aperitivo ______________ (servir) en las copas correctas?
- ◆ Por supuesto.
- ○ ¿La carne ______________ (cocinar) al vapor?
- ◆ Sí, deliciosa.
- ○ Vale, ¿qué falta entonces?
- ◆ Nada, Roberto. Todo ______________ (hacer) correctamente pero tú ______________ (estresar). ¡Relájate!

diseñado	*hier:* entworfen	apagado	ausgeschaltet
equipado	ausgestattet	traducido	übersetzt
desilusionado	enttäuscht	doblar	*hier:* falten
inscrito	angemeldet	el vapor	Dampf
arreglado	hergerichtet	estresar	stressen

Präpositionen, auch Verhältniswörter genannt, sind unveränderlich. Sie werden benutzt, um zeitliche, örtliche oder modale Beziehungen zwischen Gegenständen oder Personen zu beschreiben. Ihre deutsche Bedeutung ist vom Kontext abhängig.

44 Ortsangaben

Um das örtliche Verhältnis zweier Elemente im Satz auszudrücken, werden verschiedene Präpositionen verwendet.

*Vamos **a** Valencia.* Wir fahren **nach** Valencia.
*La casa está **enfrente del** restaurante.* Das Haus ist **gegenüber** dem Restaurant.

START

Auf nach Kuba! Unterstreichen Sie im Dialog die Präpositionen und Ortsangaben.

- ◆ ¿Sabes? Valeria y Leo van a Cuba este verano.
- o ¡Qué bien! ¿A dónde van?
- ◆ Primero van a La Habana, y de ahí viajan a Santa Lucía para pasar una semana en la playa.
- o Estupendo, ¿y ya tienen un hotel en La Habana?
- ◆ Sí, tienen una reserva en un hotel que está al lado de El Capitolio, cerca del Museo de Bellas Artes.

SEHEN

Ordnen Sie die unterstrichenen Präpositionen in die Tabelle ein.

Spanisch	Deutsch	Verwendung bei
_____ Cuba	nach, zu, bis	Richtung
_____ La Habana		
_____ Santa Lucía		
_____ la playa	in, an, auf, bei	Ortsangaben
_____ La Habana		

Ortsangaben

Spanisch	Deutsch	Verwendung bei
_____ ahí	von, aus	Herkunft, Entfernung
____________________ El Capitolio	neben	Ortsangaben
____________ Museo de Bellas Artes	nahe bei	Entfernung

Weitere Orts- und Richtungsangaben

delante de	vor	lejos de	weit entfernt von
detrás de	hinter	al final de	am Ende von
a la izquierda de	links von	dentro de	innerhalb
a la derecha de	rechts von	fuera de	außerhalb
enfrente de	gegenüber von	encima de, sobre	auf, über
entre	zwischen	debajo de, abajo	unter, unten

VERSTEHEN

Ergänzen Sie nun die folgenden Regeln und Beispiele.

- Bei den Präpositionen *a* und *en* ist die deutsche Bedeutung vom Kontext abhängig. Die Präposition *a* verwendet man zur Angabe ☐ der Richtung. ☐ des Ortes. Sie antwortet auf die Frage „wohin?".
- Die Präposition *en* verwendet man zur Angabe ☐ der Richtung. ☐ des Ortes. Sie antwortet auf die Frage „wo?".
- Viele Orts- und Richtungsangaben werden zusammen mit der Präposition *de* verwendet.

! Erinnern Sie sich? Die Präpositionen *a* und *de* verschmelzen mit dem Artikel *el* zu *al* und *del*.

a + el = *al* *Vamos **al** teatro.*
de + el = *del* *El teatro está enfrente **del** museo.*

ANWENDEN

1. Wo ist der Ball in Bezug zur Box? Ergänzen Sie die Ortsangaben.

a. 

e ___ ___ r ___

b. 

e ___ c ___ ___ a

c.  a la

___ z ___ u i ___ r ___ a

d. 

d ___ ___ a ___ o

e.  a la

d ___ ___ ___ c ___ a

f. 

d ___ ___ t ___ o

Die Präposition *en* gibt im Spanischen nie die Richtung an!
Ich gehe ins Kino. *Voy ~~en~~ el cine.* (Falsch!) *Voy **al** cine.* (Richtig!)

2. Mit *a* oder mit *en*? Ergänzen Sie die Minidialoge und achten Sie auch auf die Artikel.

a. ◆ Esta noche vamos _____ Gran Teatro de La Habana, ¿quieres venir?
 ○ No, hoy prefiero descansar _____ el hotel.

b. ◆ Hoy queremos comer _____ el restaurante La Bodeguita del Medio.
 ▫ Vale, y después podemos ir _____ la Plaza de la Catedral.

c. ▲ El sábado viajamos _____ Santiago y vamos a hospedarnos tres días _____ casa de una familia cubana.
 ◆ ¡Qué bien! Nosotros volamos mañana _____ la Isla de la Juventud.

d. ✚ ¿Tú ya has estado _____ La Habana Vieja?
 ▫ Sí, hoy por la mañana he estado ahí y también he ido _____ Museo del Ron.

e. ○ ¿Valeria también va _____ las montañas de Escambray?
 ▲ No, se queda _____ la ciudad.

! Mit *estar a* gibt man die Entfernung an.
*Varadero **está a** 140 kilómetros de La Habana.*

3. Ergänzen Sie die Sätze.

delante del   entre   enfrente de la   sobre   cerca de

a. ¿Nos encontramos ______________ teatro?
b. La Oficina de Turismo está ______________ el banco y la farmacia.
c. El restaurante está ______________ iglesia de San Francisco.
d. Buscamos un hotel ______________ la playa.
e. Los prospectos con la información están ______________ el escritorio.

hospedarse	unterkommen, übernachten	volar (o>ue)	fliegen
		quedarse	bleiben

45 Zeitangaben

Für Zeitangaben werden auch die Präpositionen *a* und *en* verwendet. Temporale Präpositionen antworten auf die Frage „wann?“ oder „wie lange?“.

*Me levanto **a** las 8 de la mañana.*	Ich stehe **um** 8 Uhr morgens auf.
*Vivimos en Tenerife **desde** 2010.*	Wir wohnen **seit** 2010 in Teneriffa.

START

Ausländer in Spanien. Lesen Sie die Sätze und unterstreichen Sie die Zeitangaben.

Yo vivo en Barcelona desde 2015 y estoy muy contenta. Llegué aquí a los 20 años.

Nosotros llegamos a Málaga hace diez años y nos gusta mucho.

Yo viví en Murcia de 2013 a 2015 pero no me gustó, hace mucho calor.

Para mí la mejor ciudad es San Sebastián. Vivo aquí desde hace 7 años.

Vinimos a Madrid por mi trabajo y solo nos vamos a quedar hasta diciembre.

Nosotros llegamos en marzo del año pasado a Alicante, es muy bonito.

Mi primer día en Vigo: he llegado hoy, 10 de mayo, a las 11:30 de la mañana.

SEHEN

Ergänzen Sie jetzt die Tabelle mit den Präpositionen und Zeitangaben.

Verwendung	Beispiel	Deutsch
Uhrzeit	____ las 11:30	um
Tageszeit, in Verbindung mit der Uhrzeit	____ la mañana	
Datum	10 ____ mayo (de 2018)	
Monat Jahr Jahreszeit Feiertage	____ marzo **en** 2018 **en** verano **en** la Pascua	im, in, an
Altersangabe	____ los 20 años	mit
Zeitspanne	____ 2013 ____ 2015	von ... bis
Dauer	________ diciembre	bis
Zeitpunkt in der Vergangenheit	_________ diez años	vor
Zeitspanne	_________ 2015	seit (Zeitpunkt)
Zeitspanne	______________ 7 años	seit (Zeitraum)

VERSTEHEN

Ergänzen Sie nun die folgenden Regeln.

- Zur Angabe der Uhrzeit wird ☐ *a* ☐ *hasta* ☐ *en* verwendet.
- Zur Angabe der Tageszeit (morgens, mittags, abends) in Verbindung mit der Uhrzeit wird ☐ *en* ☐ *de* ☐ *a* verwendet.
- Bei allgemeinen Zeitangaben wie Jahreszahlen oder -zeiten wird die Präposition ______ verwendet. ______ *primavera,* ______ *este momento.*
- Mit ______ wird angegeben, wie lange ein Geschehen zurückliegt.
- Mit ______ wird der Zeitpunkt angegeben, zu dem etwas begonnen hat, das bis zum aktuellen Zeitpunkt anhält. Und mit ______ wird ein vergangener Zeitraum angegeben.

! Wenn man den exakten Tag angibt, benutzt man nur den bestimmten Artikel, ohne Präposition:

Am 2. März gehe ich nach Spanien. ~~*En*~~ *el 2 de marzo voy a España.* (Falsch!)
El 2 de marzo voy a España. (Richtig!)

ANWENDEN

1. Wann reist Liz auf die Kanarischen Inseln? Kreuzen Sie die richtige Option an.

○ Liz, ¿ ☐ en / ☐ a qué época ☐ al / ☐ del año viajas tú?

◆ Yo viajo normalmente ☐ a / ☐ en primavera. Este año viajo ☐ en / ☐ de abril a las Islas Canarias.

○ ¡Qué bien! ¿Cuándo exactamente?

◆ Vuelo ☐ el / ☐ en el 2 ☐ de / ☐ en marzo, y me quedo ☐ a / ☐ hasta el 30.

○ ¿ ☐ De / ☐ Del 2 ☐ a / ☐ al 30? ¡Qué suerte! ¿Y qué vas a hacer?

◆ Pues ☐ en / ☐ a las vacaciones me gusta tomar el sol y hacer senderismo.

○ ¿Es la primera vez que vas a las Canarias?

◆ No, ☐ al / ☐ en 2014 estuve en La Laguna y ☐ el / ☐ en el año pasado fui a Lanzarote.

○ Ya veo, ¡te encantan las Islas Canarias!

◆ Sí, solo hay una cosa que no me gusta este año: ¡mi avión sale ☐ a / ☐ de las 5 ☐ de / ☐ en la mañana!

2. ***Desde*, *desde hace* oder *hace*? Ergänzen Sie den Text.**

Vivo en La Laguna ____________ 2009. Me encanta esta ciudad. ____________ cinco años trabajo en la Biblioteca Municipal. Es un trabajo muy interesante. Además, ____________ un año conocí en la Biblioteca a Claudia, mi pareja. Estamos juntos ____________ seis meses. Claudia vive en Bajamar ____________ muchos años pero pronto va a mudarse a la Laguna porque ____________ un mes compramos una casa juntos.

! Die Zeitangaben *antes de* (vor) und *después de* (nach) stehen vor einem Substantiv bzw. vor einem Infinitiv. Vor einem Substantiv braucht man häufig auch den bestimmten Artikel.

*Antes del **desayuno** hago deporte.*	Vor dem Frühstück mache ich Sport.
*Antes de **desayunar** hago deporte.*	Vor dem Frühstücken mache ich Sport.

3. **Verbinden Sie Fragen und Antworten und setzen Sie die Präpositionen richtig ein.**

en | hace | después de | de | a | desde hace | a | de

1. ¿Cuándo lees el periódico?	a. ________________ cinco años.
2. ¿A qué hora empiezas a trabajar?	b. ________________ desayunar.
3. ¿Desde cuándo tocas la guitarra?	c. ________ lunes ________ jueves.
4. ¿Cuándo vas a mudarte?	d. ________ agosto.
5. ¿Cuándo tienes clases en la universidad?	e. ________ las 9 ________ la mañana.
6. ¿Has visto la exposición del museo?	f. Sí, ________ unos días.

mudarse	umziehen	la pareja	Partner
juntos	zusammen		

46 Art & Weise und weitere Verwendungen

Zur Angabe der Art und Weise und anderer Informationen wie Besitz oder Herkunft werden neben *de*, *en*, *a* auch andere Präpositionen wie *con* und *sin* verwendet.

Prefiero el café ***sin*** *la leche.* Ich möchte den Kaffee lieber **ohne** Milch.

START

Dani und María haben Freunde eingeladen. Unterstreichen Sie im Dialog die Präpositionen.

- ◆ Hoy vienen a cenar Pía y Sergio, ¿recuerdas?
- o Claro, y también la hermana de Pía con su novio alemán.
- ◆ ¿Y cómo vamos a hablar con él? Nosotros no hablamos alemán.
- o Podemos hablar en inglés.
- ◆ Sí, es verdad. ¿Hacemos pescado a la plancha o algún plato típico de Galicia?
- o A Pía no le gusta el pescado, mejor una tortilla de patatas, pero sin cebolla, y unas tapas.
- ◆ Vale, necesitamos dos kilos de patatas, huevos... ¿Tú escribes la lista de compras? ¿Vamos a pie al mercado?
- o Sí... pero yo prefiero ir en coche.
- ◆ Vale, pero primero tomamos un café con leche, y después nos vamos.

SEHEN

Ergänzen Sie jetzt die Tabelle mit den Präpositionen aus dem Text.

Verwendung	Präposition / Beispiel	Deutsch
Art und Weise	_____ leche	mit
	_____ inglés	in, auf
	_____ la plancha	auf ... Art
	_____ pie, a mano	zu, mit

Verwendung	Präposition / Beispiel	Deutsch
Besitz, Zugehörigkeit	_____ Pía	von
Herkunft, Ursprung	_____ Galicia	von, aus
Material	**de** tela	aus
Mengen	2 kilos _____ patatas	
zusammengesetzte Wörter	lista _____ compras	
Verkehrsmittel	_____ coche	mit
Begleitung	_____ su novio	mit
Fehlen, Abwesenheit	_____ cebolla	ohne

VERSTEHEN

Ergänzen Sie nun die folgenden Regeln.

- Um die Zubereitungsart anzugeben, verwendet man die Präposition _______ .
- Zur Angabe der Sprache und für Verkehrsmittel wird _______ verwendet: _______ *inglés*
- Bei Besitz, Zugehörigkeit, Herkunft, Ursprung, Material und Menge wird _______ verwendet.
- Bei zusammengesetzten Begriffen verwendet man die Präposition _______ .
- Bei Begleitung verwendet man die Präposition _______ und bei Abwesenheit _______ .

! Bei der Präposition *con* gibt es Sonderformen, wenn sie mit einem Pronomen verwendet wird:

conmigo mit mir
contigo mit dir
consigo mit sich

ANWENDEN

1. **Auf dem Markt. Kreuzen Sie die richtige Option an.**

a. ¿Compramos un postre ☐ de / ☐ a la región?
b. Los platos ☐ en / ☐ de madera son muy originales.
c. ¿Hacemos una tapa vegetariana, ☐ sin / ☐ con carne?
d. ¿Hans es ☐ a / ☐ de Múnich?
e. Quería 500 gramos ☐ con / ☐ de jamón.
f. ¿Quién es la chica ☐ en el / ☐ del vestido rojo?
g. Dani, ¿vienes ☐ con mí / ☐ conmigo?
h. Necesito un paquete ☐ de / ☐ en arroz.
i. ¿Esta cerámica es hecha ☐ con / ☐ a mano?

Zur Identifikation von Personen verwendet man im Spanischen die Präposition *de:*
el chico del sombrero der Junge mit dem Hut

2. **Galicische Spezialitäten. Ergänzen Sie die Texte mit den passenden Präpositionen.**

a. a con de en de

El pulpo _____ la gallega, "polvo á feira" _____ gallego, es un plato tradicional _____ la cocina gallega. Se prepara _____ mucho aceite _____ oliva.

b. con de sin

La tarta _____ Santiago es una tarta _____ harina. Se prepara solamente _____ cuatro ingredientes básicos: huevos, almendras, azúcar y mantequilla.

c. con de de sin

En Galicia hay una fábrica _____ cervezas muy famosa. Produce diferentes tipos _____ cervezas, por ejemplo cerveza 0,0 % _____ alcohol y cerveza _____ un poco de limón.

! Einige Verben, die mit der Präposition *de* verwendet werden, sind:

ir de compras	einkaufen gehen	*ir de vacaciones*	in (den) Urlaub gehen / fahren
tener ganas de…	Lust haben auf…		

3. Pía und Sergio fahren in den Urlaub nach Vigo. Ergänzen Sie den Dialog mit der richtigen Präposition. Achten Sie auch auf die Artikel.

- ○ Este verano vamos a ir ____________ vacaciones ____________ la familia ____________ Pía.
- ◆ ¿Vais ____________ tren?
- ○ No, vamos ____________ el coche ____________ mi padre, queremos hacer excursiones ____________ bicicleta, y así podemos llevar las bicicletas.
- ◆ ¿Y qué vais a hacer en Vigo?
- ○ Queremos ver las playas ____________ Atlántico, y estar en contacto ____________ la naturaleza. Tenemos ganas ____________ relajarnos y pasar unas vacaciones ____________ estrés.

! Die Präposition *a* wird auch verwendet (siehe Kapitel 51):

Vor dem indirekten Objekt:	*Le regalo un libro a mis padres.*
Vor Personen als direktem Objekt:	*Visito a mis padres.*

a la plancha	gegrillt	el pulpo	Oktopus
la cebolla	Zwiebel	la harina	Mehl
la madera	Holz	relajarse	sich entspannen

47 *por* und *para*

Por und *para* sind für viele Spanischlernende leicht zu verwechseln, auch weil man beide mit „für" übersetzen kann. Sie haben aber unterschiedliche Bedeutungen. Grundsätzlich gibt *por* den Grund oder die Ursache für eine Handlung an, *para* dagegen das Ziel oder den Zweck einer Handlung.

No me gustan las fiestas, he venido ***por*** *mi novia.*

Ich mag keine Partys, ich bin **wegen** meiner Freundin gekommen.

Este regalo es ***para*** *ti.*

Dieses Geschenk ist **für** dich.

START

Auf nach Galicien! Unterstreichen Sie im Text die Präpositionen *por* und *para* und achten Sie auf den Kontext.

¡Viva Galicia!

Muchas personas van a Galicia por la gastronomía, otras quieren viajar por el norte de España, y pasar por Santiago de camino a La Coruña. Otras van a Galicia para hacer el Camino de Santiago y vivir una experiencia diferente. Para estas personas el viaje es algo especial.
Galicia ofrece algo para todos los viajeros.
Para las próximas vacaciones, ¡Galicia es una buena opción!
¿Interesado? Llámenos por teléfono o escríbanos un correo electrónico.

SEHEN

Ergänzen Sie jetzt die Tabelle.

_______ – Gebrauch	Deutsch	Beispiel
Grund, Ursache	wegen, aus	Van a Santiago _______ la gastronomía.
unbestimmte Ortsangabe	in, im	Quieren viajar _______ el norte.
Durchgangsort	durch, über	Pasar _______ Santiago.
ungenaue Zeitangabe, Tageszeit	am	Pasean **por** las tardes.
Häufigkeit	pro, in	Hay mercado dos veces **por** semana.
Kommunikations- oder Transportmittel	per, mit	Llámenos _______ teléfono.
Preis	für	Pagamos 100 € **por** el hotel.

______ – Gebrauch	Deutsch	Beispiel
Zweck, Absicht	um, zu, damit	Van a Galicia ______ hacer el Camino.
Adressat, Empfänger	für	Galicia ofrece algo ______ todos los viajeros.
Richtung, Zielort	nach, zu	El tren **para** Santiago sale a las 8.
genaue Zeitangaben in der Zukunft	um, für, bis	______ las próximas vacaciones, ¡Galicia es una buena opción!
Meinung	für	______ estas personas el viaje es algo especial.

VERSTEHEN

Ergänzen Sie nun die folgenden Regeln.

- Um einen Grund oder eine Ursache anzugeben, verwendet man ______ .
- Kommunikationsmittel gibt man mit ______ an.
- Ziel, Zweck und Meinung werden mit ______ angegeben.
- Ungenaue Zeitangaben gibt man mit ______ an, während genaue Zeitangaben in der Zukunft mit ______ angegeben werden.
- Einen Durchgangsort oder eine unbestimmte Ortsanagabe gibt man mit ______ an, aber einen Zielort oder die Richtung mit ______ .

! *Por* wird bei diesen Redewendungen gebraucht:
por favor (bitte), *por ejemplo* (zum Beispiel), *por aquí* (hier in der Nähe), *por eso* (deshalb), *por fin* (endlich), *por suerte* (zum Glück)

ANWENDEN

1. ***¡Buen camino!*** **Warum gehen die Personen den Jakobsweg? Kreuzen Sie die richtige Option an.**

a. ☐ Por / ☐ Para mí es algo espiritual. Yo lo hago ☐ por / ☐ para fe.

b. Nosotros lo hacemos ☐ por / ☐ para los paisajes, caminas ☐ por / ☐ para lugares muy interesantes.

c. Yo lo hago solo ☐ por / ☐ para mi novio. ☐ Por / ☐ Para él es muy importante hacerlo, es un reto.

d. ☐ Por / ☐ Para mi mujer y ☐ por / ☐ para mí es una oportunidad ☐ por / ☐ para hacer deporte.

e. Mmm… ☐ por / ☐ para ningún motivo en especial, solo porque me gusta hacer senderismo.

f. El Camino es una oportunidad ☐ por / ☐ para conocer gente, ☐ por / ☐ para entrar en contacto con todo tipo de personas.

2. Auf dem *Camino*. Ergänzen Sie den Dialog mit *por* oder *para*.

◆ Buenas tardes, ¿tiene habitaciones libres?

○ Sí, tengo algunas, ¿ ______ cuántas personas?

◆ ______ dos personas.

○ ¿Y ______ cuántas noches?

◆ Solo ______ esta noche. Mañana temprano salimos ______ Astorga.

○ A ver… sí, tenemos una habitación doble, con baño.

◆ ¡Perfecto! ¿Cuánto cuesta?

○ 80 euros ______ noche, ______ persona.

◆ Mmm… es un poco caro ______ ser una pensión.

○ Sí, pero el precio incluye media pensión. ______ la cena ofrecemos un menú con especialidades de la región.

◆ Vale, pues entonces la tomamos.

Pilger entlang des Jakobsweges

! *Gracias* wird immer mit *por* verwendet:

Gracias ~~para~~ el regalo. (Falsch!)
Gracias por el regalo. (Richtig!)

3. In Tamaras E-Mail sind *por* und *para* fünfmal falsch verwendet. Korrigieren Sie die Fehler.

Querido Gabriel:

Hoy es mi quinto día del Camino. He caminado para ________ lugares con una naturaleza fantástica y he hablado con peregrinos de muchos países. Por ________ fin estoy ahora en un lugar con conexión a internet. Siempre hablo inglés por ________ comunicarme con la gente. Duermo en albergues por ________ peregrinos y por ________ las noches nos reunimos para ________ charlar y beber algo. Nos vamos temprano a dormir por ________ descansar y para ________ la mañana nos levantamos muy pronto.

4. Übersetzungsübung. Übersetzen Sie die Ergänzung mit *por* oder *para*.

a. Esta Cruz de Santiago es ________ (für dich).

b. Querido, he hecho todo el Camino solo ________ (wegen dir).

c. Gracias ________ (für) el vino que me has traído.

d. Yo creo que ________ (für) el próximo verano voy a estar en forma ________ (um) hacer el Camino completo.

el Camino de Santiago	Jakobsweg
¡Buen camino!	„Guten Weg!“ *(Gruß auf dem Jakobsweg)*
espiritual	spirituell
la fe	Glaube
el senderismo	Wandern
la habitación doble	Doppelzimmer
la media pensión	Halbpension
el peregrino	Pilger
charlar	reden

Satzbau

Die übliche Wortstellung in einem spanischen Aussagesatz ist:
Subjekt – Verb – Objekt (Ergänzung).

Subjekt	Verb	Objekt / Ergänzung
Teresa y Roberto	viven	en León.
(Nosotros)	trabajamos	todos los días.
Juan	visita	a sus clientes.

Auch in Nebensätzen bleibt diese Reihenfolge bestehen:
Yo creo que Teresa y Roberto viven en León.
Objekte und Ergänzungen können auch am Satzanfang stehen, im Gegensatz zum Deutschen werden in diesem Fall aber nicht Subjekt und Verb vertauscht (keine Inversion). Und immer wenn Objekte am Satzanfang stehen, sind sie betont.
Im Spanischen wird das Subjektpronomen in der Regel nur zur Unterscheidung und Hervorhebung benutzt, ansonsten erkennt man die Person an der Verbform.

In einer Frage mit Fragepronomen steht wie im Deutschen das Verb vor dem Subjekt. Ein Fragesatz ohne Fragenpronomen kann im Spanischen zwei Wortstellungen haben:
¿Es este tu libro? oder *¿Este es tu libro?* Ist dies dein Buch?
Die Wahl der Wortstellung hängt von der Betonung ab, die man der Frage geben will (siehe Kapitel 23 und 24).

48 Verneinung

Zur Verneinung wird im Spanischen das Wort *no* verwendet. Es bedeutet sowohl „nein" als auch „nicht / kein":

- *¿Tú trabajas?* — Arbeitest du?
- ***No**, **no** trabajo y **no** tengo dinero.* — **Nein**, ich arbeite **nicht** und ich habe **kein** Geld.

Man kann auch andere Wörter zur Verstärkung der Verneinung benutzen, z. B. *nunca*, *nada*, *nadie* und *ninguno*:
***No** he trabajado **nunca**.* Ich habe **nie** gearbeitet.

START

Junge Unternehmer. Unterstreichen Sie alle Verneinungsformen im Text.

¿Todos los jóvenes quieren un trabajo seguro en una empresa? No, no es verdad. Hay jóvenes que no trabajan para una empresa grande o muy conocida. Ellos nunca han tenido un contrato de trabajo. Nadie les paga un sueldo. No han tenido ningún jefe. No hacen nada para otras personas. ¿Qué hacen estos jóvenes? ¡Son jóvenes empresarios que han decidido tener su propia empresa!

SEHEN

Wie verneint man auf Spanisch? Ergänzen Sie die Tabelle.

_____ , _____ es verdad.	Nein, es nicht wahr.
_____ hacen _______ para otras personas.	Sie machen nichts für andere Personen.
_____ han tenido ________ jefe.	Sie haben keinen Chef gehabt.
________ han tenido un contrato.	Sie haben nie einen Vertrag gehabt.
________ les paga un sueldo.	Niemand bezahlt ihnen ein Gehalt.

VERSTEHEN

Ergänzen Sie nun die folgenden Regeln und Beispiele.

- Im Spanischen steht die Verneinung *no* ☐ vor ☐ nach dem konjugierten Verb.
- Wenn man *no* zweimal hintereinander verwendet, bedeutet das erste *no* ________ und das zweite *no* ________ .
- Im verneinten Satz steht *no* (oder die Verneinungsform) vor dem unbetonten Objektpronomen: ________ *les paga un sueldo.*
- Wenn *nadie*, *nada*, *nunca* und *ninguno* ☐ vor ☐ nach dem konjugierten Verb stehen, verwendet man zusätzlich *no* vor dem Verb: _______ *hacen nada para otras personas.* Dies nennt man doppelte Verneinung.
  Wenn diese Verneinungswörter vor dem Verb stehen, wird nicht doppelt verneint: ____________ *han tenido un contrato.*

! Erinnern Sie sich? *Ninguno* ist veränderlich und richtet sich in Zahl und Geschlecht nach dem Substantiv, auf das es sich bezieht. Wenn *ninguno* ein männliches Substantiv begleitet, verkürzt es sich zu *ningún* (siehe Kapitel 18).

! *No...ni* oder *no...ni...ni* bedeutet „weder ... noch".
No quiero ir al cine ni al teatro. *No quiero ir ni al cine ni al teatro.*

ANWENDEN

1. Esteban ist ein junger Unternehmer. Lesen Sie das Interview und ergänzen Sie es mit *no*, *nunca*, *nada* oder *nadie*.

- ○ ¿Por qué _____ trabajas para una empresa?
- ◆ _____ me gusta trabajar para _______ . Prefiero ser mi propio jefe.
- ○ ¿Qué hace tu empresa?
- ◆ Zapatillas de deporte, pero _______ son las típicas zapatillas, son zapatillas con diseños diferentes, divertidos.
- ○ ¿Fabrican más cosas además de zapatillas?
- ◆ ______ fabricamos ________ más, solo zapatillas.
- ○ ¿Has tenido otros trabajos antes?
- ◆ _____ , _______ he trabajado _______ en una empresa.

- ○ ¿Trabajas solo?
- ◆ _____ , ______ trabajo solo. Tengo dos socios, y tenemos varios empleados.
- ○ ¿También hacen ventas por internet?
- ◆ ______ vendemos _______ por internet, solo en tiendas. Nos gusta el contacto directo con la gente.

2. Weitere Fragen an Esteban. Wählen Sie die richtige Antwort.

a. ¿Exportan las zapatillas a otros países?
- ☐ No, ahora no exportamos nada, vendemos solo en España.
- ☐ Ahora exportamos nada, vendemos solo en España.

b. ¿Quién te ha ayudado a montar tu empresa?
- ☐ Me ha ayudado nadie.
- ☐ No me ha ayudado nadie.

c. ¿Fabricas las zapatillas en Asia?

☐ Fabricamos solo en España, fabricamos no en Asia.

☐ No, no fabricamos en Asia, fabricamos solo en España.

d. ¿Qué materiales importas para la producción?

☐ Ninguno. Todos los materiales son españoles.

☐ Todos los materiales son españoles. Importamos ninguno.

e. ¿Descansas los fines de semana?

☐ No, no descanso nunca. Trabajo todos los días.

☐ No, descanso nunca. Trabajo todos los días.

! Erinnern Sie sich? *Tampoco* (siehe Kapitel 12) wird auch zur Verneinung verwendet:
Yo tampoco compro por internet. Ich kaufe auch nicht im Internet.

3. Esteban macht endlich Urlaub! Schreiben Sie die Sätze mit den Verneinungswörtern.

a. Hoy me he levantado temprano y he hecho deporte. — no, ni

Hoy no me he levantado temprano ni he hecho deporte.

b. Hoy he hecho muchas cosas, solamente he descansado. — no, nada

____

c. Me ha llamado de la oficina. — no, nadie

____

d. He leído correo electrónico del trabajo. — no, ningún

____

e. He trabajado y he pensado en el trabajo. — no, tampoco

____

seguro	sicher	el empresario	Unternehmer
la empresa	Unternehmen	propio	eigene
conocido	bekannt	la zapatilla de deporte	Sportschuh/Sneaker
el contrato	Vertrag	el socio	Geschäftspartner
pagar	zahlen	descansar	sich ausruhen
el sueldo	Gehalt	quizás	vielleicht

49 Bindewörter

Konjunktionen, auch Bindewörter genannt, verbinden Satzteile oder ganze Sätze. Sie kennen schon einige Konjunktionen wie *y*, *o* und *pero*. In diesem Kapitel lernen Sie weitere kennen.

*Aprendo español **porque** quiero viajar a España.*
Ich lerne Spanisch, **weil** ich nach Spanien reisen möchte.
*Quiero hablar bien español, **pero** no tengo tiempo para practicar.*
Ich möchte Spanisch gut sprechen, **aber** ich habe keine Zeit zum Üben.
*En verano voy a Valencia, **por eso** aprendo español.*
Im Sommer fahre ich nach Valencia, **deshalb** lerne ich Spanisch.

START

Ferienwohnung oder Hotel? Unterstreichen Sie im Dialog alle Konjunktionen.

◆ Chicos, en agosto volamos a Valencia, es hora de decidir, ¿hotel o apartamento?
○ Yo creo que un apartamento es mejor porque en un apartamento tenemos más espacio.
▲ Sí, pero también más trabajo.
■ Es verdad. Como en las vacaciones yo no quiero trabajar, yo prefiero un hotel.
○ Sí, pero en un hotel solo tienes una habitación, en cambio en un apartamento tienes un salón, una cocina, puedes cocinar y hacer más cosas.
▲ Vosotros ya sabéis que a mí no me gusta cocinar, por eso es mejor un hotel.
◆ Vale, ya veo, vosotros no queréis un apartamento, sino un hotel.

SEHEN

Wie sagt man es auf Spanisch? Ergänzen Sie die Tabelle.

Deutsch	Beispiel
und	... cocinar ___________ hacer más cosas.
oder	¿hotel ___________ apartamento?
dass	Yo creo ___________ un apartamento es mejor.

Deutsch	Beispiel
weil	*... es mejor __________ en un apartamento tenemos más espacio.*
aber	*... __________ también más trabajo.*
da	*__________ en las vacaciones yo no quiero trabajar...*
dagegen	*... ____________________ en un apartamento tienes un salón...*
deshalb	*... __________ es mejor un hotel.*
sondern	*... no queréis un apartamento, __________ un hotel.*

VERSTEHEN

Ergänzen Sie nun die folgenden Regeln.

- *Que* leitet ☐ Hauptsätze ☐ Nebensätze ein. Die Reihenfolge der Wörter im Nebensatz ist im Spanischen dieselbe wie im Hauptsatz. Zwischen Hauptsatz und Nebensatz steht meistens ☐ ein Komma. ☐ kein Komma.
  Creo ________ un apartamento es mejor.
- Mit *porque* und *como* kann man ☐ den Grund ☐ das Ziel einer Handlung angeben. Wenn zuerst der Grund angegeben wird, wird meist *como* verwendet.
- *Pero* und *en cambio* drücken ☐ einen Gegensatz ☐ eine Folge aus. Mit *en cambio* ist der Kontrast stärker.
- *Sino* drückt ☐ eine Folge ☐ einen Gegensatz zu einem verneinten Hauptsatz auf.
- *Por eso* drückt ☐ eine Folge ☐ einen Gegensatz aus. Vor *por eso* steht ☐ ein Komma: ☐ kein Komma: *No me gusta cocinar, por eso es mejor un hotel.*

! Die Konjunktion *y* wird vor *i-/hi-* zu *e*:
alemán e inglés
Die Konjunktion *o* wird vor *o-/ho-* zu *u*:
apartamento u hotel

ANWENDEN

1. In Valencia. Kreuzen Sie die richtige Option an.

Para: almudenagc@cloudi.com

Asunto: Saludos de Valencia

¡Hola!

Estamos en un hotel muy bonito. Nos gusta ☐ por eso / ☐ porque está cerca de la playa, ☐ pero / ☐ como también cerca de comercios y restaurantes. Tenemos muchos planes para estos días, ☐ pero / ☐ que yo todavía no sé qué voy a hacer hoy. Carlos quiere ir hoy al acuario, ☐ como / ☐ y por eso no va a la playa. Sofía dice ☐ que / ☐ como ella prefiere quedarse en el hotel ☐ e / ☐ y ir a la piscina. Yo todavía no estoy segura de si voy con Carlos al acuario ☐ o / ☐ y si voy con Sofía a la piscina. Mañana hacemos una excursión juntos, vamos a la Albufera. ☐ Como / ☐ Pero queremos tener flexibilidad, hemos alquilado un coche. Allí queremos dar un paseo en barca ☐ porque / ☐ y comer paella.

Besos a todos, Ana

! Erinnern Sie sich?

que	= dass	*qué*	= was
porque	= weil	*por qué*	= warum

2. Wie gehen die Sätze weiter? Verbinden Sie die Satzteile.

1. En Valencia hay playas, cultura y arte, por eso...
2. Carlos va a un acuario, Oceanogràfic, porque...
3. Como Sofía quiere descansar...
4. Carlos quiere visitar todos los museos, en cambio Sofía y yo...
5. Yo quiero quedarme en el hotel, pero...
6. En Valencia se hablan dos idiomas: el español y...

a. tiene turistas todo el año.
b. no quiero ir a la piscina.
c. el valenciano.
d. quiere ver los animales.
e. solo queremos estar en la playa.
f. se queda en el hotel.

3. Was will jeder? Ergänzen Sie die Sätze mit den Konjunktionen.

a. ____________ (Da) no tenemos mucho dinero, buscamos un hotel barato.
b. Mis amigos quieren un hotel en una zona céntrica, ____________ (aber) tranquila.
c. Queremos hacer camping ____________ (weil) a los chicos les gusta mucho.
d. Pienso ____________ (dass) es mejor alojarnos en un apartamento.
e. Queremos un apartamento con piscina ____________ (und) pista de tenis.
f. Los hoteles son muy caros, ____________ (dagegen) las pensiones son más económicas.
g. Vamos a pasar un mes en Valencia, ____________ (deshalb) buscamos un apartamento.
h. Es muy difícil decidir entre apartamento ____________ (oder) hotel.

decidir	entscheiden	alquilar	mieten
el espacio	*hier:* Platz	alojarse	unterkommen
los comercios	Geschäfte	económico	*hier:* preisgünstig
quedarse	bleiben		

50 Relativsätze mit *que* und *donde*

Relativsätze werden durch Relativpronomen eingeleitet. Relativpronomen wie *que* und *donde* vertreten dabei Personen, Sachen und Ortsangaben, die im Hauptsatz genannt werden. Relativsätze geben so zusätzliche Informationen zu einem Hauptsatz.

*El mate es una bebida **que** se toma en Argentina.*
Mate ist ein Getränk, **das** man in Argentinien trinkt.
*Tequila es un pueblo mexicano **donde** se produce el tequila.*
Tequila ist ein mexikanisches Dorf, **in dem** man Tequila produziert.

START

Was haben sie in Barcelona gemacht? Lesen Sie die Sätze und unterstreichen Sie die Relativpronomen.

- ○ ¿Qué tal en Barcelona?
- ◆ ¡Muy bien! Hemos estado en La Boquería, es un mercado donde se pueden comprar muchos productos frescos, y también comer. Y claro, hemos bebido cava.
- ○ ¿Cava?
- ◆ Sí, es el vino espumoso que se produce en esa región. Además hemos ido a un concierto de Julieta Venegas.
- ○ ¿Es una cantante española?
- ◆ No, es una cantante mexicana que toca el acordeón.
- ○ ¡Qué bien! ¿Habéis ido de compras también?
- ◆ Sí, Natalia ha comprado unas abarcas menorquinas, son unas sandalias que tienen suela de neumático y que son muy cómodas.

SEHEN

Wie wird in den Sätzen jeweils das Relativpronomen übersetzt? Ergänzen Sie die Tabelle.

	Relativpronomen Spanisch	Relativpronomen Deutsch
...un mercado donde se pueden comprar muchos productos frescos.	___________	___________
...el vino espumoso que se produce en la región.	___________	___________
...una cantante mexicana que toca el acordeón.	___________	___________
...unas sandalias que tienen suela de neumático.	___________	___________

VERSTEHEN

Ergänzen Sie nun die folgenden Regeln.

- Relativsätze werden mit Relativpronomen wie *que* oder Relativadverbien wie *donde* eingeleitet. Beide sind ☐ veränderlich. ☐ unveränderlich.
- ___________ entspricht im Deutschen „der, die, das" und „den".
- *Que* kann sich sowohl auf Sachen als auch auf ___________ beziehen.
  Julieta Venegas es una cantante mexicana ___________ *toca el acordeón.*
- Für einen Ort wird ___________ verwendet.

Im Gegensatz zum Deutschen wird der Relativsatz im Spanischen nicht durch Kommas vom Hauptsatz getrennt.
Las abarcas son unos zapatos que se hacen en Menorca.
Abarcas sind Schuhe, die in Menorca hergestellt werden.

ANWENDEN

1. **Spanien-Quiz . Ergänzen Sie die Sätze mit dem richtigen Satzteil und mit *que* oder *donde*.**

ha jugado en Estados Unidos ~~lleva huevos y azúcar~~ juega el Real Madrid está en Andalucía se come fría tiene un puerto muy bonito está el Museo del Prado

a. La crema catalana es un postre... que lleva huevos y azúcar.
b. El Santiago Bernabéu es el estadio... ______
c. Pau Gasol es un jugador de baloncesto... ______
d. Madrid es la ciudad... ______
e. El gazpacho es una sopa... ______
f. La Alhambra es un palacio árabe... ______
g. Port de Sóller es una pequeña ciudad... ______

2. **Orte in Lateinamerika. Kreuzen Sie die richtige Option an.**

a. Valparaíso es una ciudad ☐ donde está Chile. / ☐ que está en Chile.
b. La Ciudad de México es la ciudad de Latinoamérica ☐ donde hay / ☐ que hay más museos.
c. Bolivia es un país ☐ que tiene / ☐ donde tiene dos capitales: Sucre y La Paz.
d. Las Galápagos son unas islas ☐ que observan / ☐ donde se observan muchos animales.
e. El desierto de Huacachina es un lugar en Perú ☐ que se esquía / ☐ donde se esquía en la arena.

3. **Wo macht man was in Madrid? Ergänzen Sie den Dialog mit *que* oder *donde*.**

◆ Si vas a Madrid, te recomiendo ir a la Gran Vía, es una calle ______ hay muchos cines y teatros.

○ Ah, vale, ¿y para comer churros?

◆ Churros en San Ginés, es el lugar ______ puedes comer los mejores churros de Madrid.

○ ¿Y para ir de compras?

◆ Hay muchos centros comerciales ______ tienen todo tipo de tiendas. Y también puedes ir a El Corte Inglés, una tienda __________ es muy conocida.

○ ¿Se puede hacer deporte al aire libre?

◆ Sí, claro, puedes ir a Madrid Río, es un parque muy grande _____ tiene instalaciones deportivas y ______ puedes también montar en bicicleta.

la abarca	Sandale	el desierto	Wüste
el cava	Sekt	la arena	Sand
el vino espumoso	Schaumwein	esquiar	Ski fahren
el baloncesto	Basketball	el churro	spanisches Spritzgebäck

51 Objektangabe

Objekte sind Ergänzungen zum Verb des Satzes. Abhängig vom Verb unterscheidet man im Spanischen zwischen direktem Objekt und indirektem Objekt (siehe Kapitel 20 und 21). Das direkte Objekt entspricht in der Regel dem deutschen Akkusativobjekt und antwortet auf die Frage „wen?“ oder „was?“. Das indirekte Objekt entspricht dem deutschen Dativobjekt und antwortet auf die Frage „wem?“ oder „was?“.

○ *¿Qué compra Patricia?* Was kauft Patricia?	▲ *Compra **aceitunas**.* Sie kauft Oliven.	(direktes Objekt)
○ *¿A quién le regala las aceitunas?* Wem schenkt sie die Oliven?	▲ *A **Lucía**.* Lucía.	(indirektes Objekt)

START

Letzter Tag in Málaga. Lesen Sie den Text und unterstreichen Sie die Objekte.

Hola, queridos:
Mañana es nuestro último día en Málaga. 😞
Ha sido un viaje fantástico. Hemos visitado todos los monumentos de la ciudad y también hemos visitado a mi amiga Amaia.

Además hemos ido a un concierto de Marc Anthony y a Eli le ha gustado mucho el concierto. 😊 Les hemos comprado regalos a la familia y los amigos.
¡Nos vemos pronto!
José

SEHEN

Beantworten Sie die Fragen mit den Angaben aus dem Text und vervollständigen Sie die Tabelle.

	direktes Objekt
¿**Qué** han visitado?	___________
¿**A quién** han visitado?	___________
¿**Qué** han comprado?	___________
	indirektes Objekt
¿**A quién** le ha gustado el concierto?	___________
¿**A quién** le han comprado regalos?	___________

VERSTEHEN

Ergänzen Sie nun die folgenden Regeln.

- Das direkte Objekt steht ☐ mit ☐ ohne Präposition, wenn es sich auf Sachen bezieht.
- Das direkte Objekt steht mit der Präposition *a*, wenn es sich auf ___________ bezieht.
  Eine Ausnahme ist das Verb *tener*: *Pedro tiene ~~a~~ un hermano.*
- Das indirekte Objekt steht ☐ manchmal ☐ immer mit der Präposition *a*.

Einige Verben verlangen im Spanischen ein anderes Objekt als im Deutschen. So werden z. B. *preguntar* (fragen) und *mentir* (anlügen) mit einem indirekten Objekt verwendet, im Deutschen dagegen mit einem Akkusativobjekt. Und *seguir* (folgen) und *ayudar* (helfen) stehen im Spanischen mit einem direkten Objekt, im Deutschen mit einem Dativobjekt.

! Wenn das Objekt / die Person nicht konkret ist, wie z. B. in Anzeigen, wird *a* bei Akkusativobjekten von Personen nicht verwendet.

Se busca secretaria. (Richtig!)
Se busca ~~a~~ secretaria. (Falsch!)

ANWENDEN

1. Mit oder ohne *a*? Ergänzen Sie die Reiseeindrücke, falls erforderlich.

a. Eli ha visitado ____ la exposición del Museo Picasso, ____ ella le encantan los museos.
b. Nos gustan mucho ____ las aceitunas de Málaga, ¡hemos comido ____ muchas!
c. Escuchamos _____ muchas canciones de Romeo Santos.
d. José ha conocido ____ unos chicos alemanes en un bar.
e. En el concierto hemos escuchado _____ Marc Anthony.
f. ____ nosotros nos ha gustado mucho la Alcazaba.
g. También hemos visitado _____ la familia de mi amiga Amaia.

Im Spanischen können zwei direkte oder indirekte Objekte in einen Satz stehen. Wird ein Objekt zur Hervorhebung an den Satzanfang gestellt, muss es durch das entsprechende Objektpronomen wieder aufgenommen werden:

El café ***lo*** *tomo con leche.* Den Kaffee (ihn) trinke ich mit Milch.
A mi novio ***le*** *gustan las excursiones.* Meinem Freund (ihm) gefallen Ausflüge.

2. Was haben Eli und José für wen gekauft? Wählen Sie die richtige Antwort.

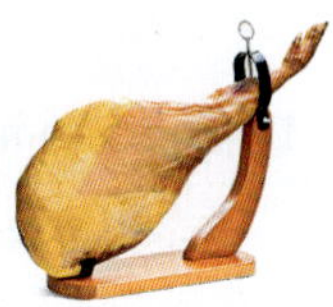

a. ¿Qué habéis traído para vuestros padres?
☐ A nuestros padres les hemos traído un jamón serrano.
☐ Los hemos traído un jamón serrano a nuestros padres.

b. ¿Para quién es el aceite de oliva?
☐ El aceite de oliva hemos comprado para Malena.
☐ El aceite de oliva lo hemos comprado para Malena.

c. ¿Qué le habéis regalado a Miguel?

☐ A Miguel le hemos regalado un libro del Museo Picasso.

☐ Hemos regalado un libro del Museo Picasso.

d. ¿El vino dulce es para Félix?

☐ No, el vino lo he comprado para Brenda.

☐ No, he comprado para Brenda.

e. ¿Y a mí, qué me has traído?

☐ A ti te he traído unas almendras tostadas.

☐ Unas almendras tostadas las he traído.

Wenn das direkte Objekt eine Person ist und durch ein Pronomen ersetzt wird, verwendet man das entsprechende direkte Objektpronomen ohne *a*:

¿Conoces a Tony?	*No, no lo conozco.*	(Richtig!)
	No, no ~~a~~ lo conozco.	(Falsch!)

3. Jetzt sind Sie Experte! Finden und korrigieren Sie den Fehler in jedem Satz.

a. José le escribe una postal su padre.

____

b. En el periódico hay un anuncio: Restaurante busca a cocinero.

____

c. ¿Has visto a Raquel? A la estoy buscando.

____

d. Emilio no comprende Jimena, es una persona muy complicada.

____

e. La música me gusta escuchar con auriculares.

____

f. ¡Ahora comprendo a toda la gramática del español!

____

la postal	Postkarte	el anuncio	Anzeige
la almendra	Mandel	los auriculares *pl*	Kopfhörer

Regelmäßige Verben

Verben auf -ar: hablar (sprechen)

	Presente	Pretérito indefinido	Pretérito imperfecto	Futuro simple	Imperativo	Partizip *gerundio*
yo	hablo	hablé	hablaba	hablaré		
tú	hablas	hablaste	hablabas	hablarás	habla	hablado
él/ella/usted	habla	habló	hablaba	hablará	hable	
nosotros/-as	hablamos	hablamos	hablábamos	hablaremos		*hablando*
vosotros/-as	habláis	hablasteis	hablabais	hablaréis	hablad	
ellos/-as/Uds.	hablan	hablaron	hablaban	hablarán	hablen	

Verben auf -er: comer (essen)

	Presente	Pretérito indefinido	Pretérito imperfecto	Futuro simple	Imperativo	Partizip *gerundio*
yo	como	comí	comía	comeré		
tú	comes	comiste	comías	comerás	come	comido
él/ella/usted	come	comió	comía	comerá	coma	
nosotros/-as	comemos	comimos	comíamos	comeremos		*comiendo*
vosotros/-as	coméis	comisteis	comíais	comeréis	comed	
ellos/-as/Uds.	comen	comieron	comían	comerán	coman	

Verben auf -ir: vivir (leben, wohnen)

	Presente	Pretérito indefinido	Pretérito imperfecto	Futuro simple	Imperativo	Partizip *gerundio*
yo	vivo	viví	vivía	viviré		
tú	vives	viviste	vivías	vivirás	vive	vivido
él/ella/usted	vive	vivió	vivía	vivirá	viva	
nosotros/-as	vivimos	vivimos	vivíamos	viviremos		*viviendo*
vosotros/-as	vivís	vivisteis	vivíais	viviréis	vivid	
ellos/-as/Uds.	viven	vivieron	vivían	vivirán	vivan	

Reflexive Verben: ducharse (sich duschen)

	Presente	Pretérito indefinido	Pretérito imperfecto	Futuro simple	Imperativo	Partizip *gerundio*
yo	me ducho	me duché	me duchaba	me ducharé		
tú	te duchas	te duchaste	te duchabas	te ducharás	dúchate	duchado
él/ella/usted	se ducha	se duchó	se duchaba	se duchará	dúchese	
nosotros/-as	nos duchamos	nos duchamos	nos duchábamos	nos ducharemos		*duchando*
vosotros/-as	os ducháis	os duchasteis	os duchabais	os ducharéis	duchaos	
ellos/-as/Uds.	se duchan	se ducharon	se duchaban	se ducharán	dúchense	

Die wichtigsten unregelmäßigen Verben

conocer (kennen, kennenlernen)

	Presente	Pretérito indefinido	Pretérito imperfecto	Futuro simple	Imperativo	Partizip *gerundio*
yo	conozco	conocí	conocía	conoceré		
tú	conoces	conociste	conocías	conocerás	conoce	conocido
él/ella/usted	conoce	conoció	conocía	conocerá	conozca	
nosotros/-as	conocemos	conocimos	conocíamos	conoceremos		*conociendo*
vosotros/-as	conocéis	conocisteis	conocíais	conoceréis	conoced	
ellos/-as/Uds.	conocen	conocieron	conocían	conocerán	conozcan	

dar (geben)

	Presente	Pretérito indefinido	Pretérito imperfecto	Futuro simple	Imperativo	Partizip *gerundio*
yo	doy	di	daba	daré		
tú	das	diste	dabas	darás	da	dado
él/ella/usted	da	dio	daba	dará	dé	
nosotros/-as	damos	dimos	dábamos	daremos		*dando*
vosotros/-as	dais	disteis	dabais	daréis	dad	
ellos/-as/Uds.	dan	dieron	daban	darán	den	

decir (sagen), Stammänderung (e>i)

	Presente	Pretérito indefinido	Pretérito imperfecto	Futuro simple	Imperativo	Partizip *gerundio*
yo	digo	dije	decía	diré		
tú	dices	dijiste	decías	dirás	di	dicho
él/ella/usted	dice	dijo	decía	dirá	diga	
nosotros/-as	decimos	dijimos	decíamos	diremos		*diciendo*
vosotros/-as	decís	dijisteis	decíais	diréis	decid	
ellos/-as/Uds.	dicen	dijeron	decían	dirán	digan	

dormir (schlafen), Stammänderung (o>ue)

	Presente	Pretérito indefinido	Pretérito imperfecto	Futuro simple	Imperativo	Partizip *gerundio*
yo	duermo	dormí	dormía	dormiré		
tú	duermes	dormiste	dormías	dormirás	duerme	dormido
él/ella/usted	duerme	durmió	dormía	dormirá	duerma	
nosotros/-as	dormimos	dormimos	dormíamos	dormiremos		*durmiendo*
vosotros/-as	dormís	dormisteis	dormíais	dormiréis	dormid	
ellos/-as/Uds.	duermen	durmieron	dormían	dormirán	duerman	

estar (sein, sich befinden)

	Presente	Pretérito indefinido	Pretérito imperfecto	Futuro simple	Imperativo	Partizip *gerundio*
yo	estoy	estuve	estaba	estaré		
tú	estás	estuviste	estabas	estarás	está	estado
él/ella/usted	está	estuvo	estaba	estará	esté	
nosotros/-as	estamos	estuvimos	estábamos	estaremos		*estando*
vosotros/-as	estáis	estuvisteis	estabais	estaréis	estad	
ellos/-as/Uds.	están	estuvieron	estaban	estarán	estén	

haber (haben, Hilfsverb für Perfekt)

	Presente	Pretérito indefinido	Pretérito imperfecto	Futuro simple	Imperativo	Partizip *gerundio*
yo	he	hube	había	habré		
tú	has	hubiste	habías	habrás	*nicht*	habido
él/ella/usted	ha	hubo	había	habrá	*gebräuchlich*	
nosotros/-as	hemos	hubimos	habíamos	habremos		*habiendo*
vosotros/-as	habéis	hubisteis	habíais	habréis		
ellos/-as/Uds.	han	hubieron	habían	habrán		

hacer (machen, tun)

	Presente	Pretérito indefinido	Pretérito imperfecto	Futuro simple	Imperativo	Partizip *gerundio*
yo	hago	hice	hacía	haré		
tú	haces	hiciste	hacías	harás	haz	hecho
él/ella/usted	hace	hizo	hacía	hará	haga	
nosotros/-as	hacemos	hicimos	hacíamos	haremos		*haciendo*
vosotros/-as	hacéis	hicisteis	hacíais	haréis	haced	
ellos/-as/Uds.	hacen	hicieron	hacían	harán	hagan	

ir (gehen, fahren)

	Presente	Pretérito indefinido	Pretérito imperfecto	Futuro simple	Imperativo	Partizip *gerundio*
yo	voy	fui	iba	iré		
tú	vas	fuiste	ibas	irás	ve	ido
él/ella/usted	va	fue	iba	irá	vaya	
nosotros/-as	vamos	fuimos	íbamos	iremos		*yendo*
vosotros/-as	vais	fuisteis	ibais	iréis	id	
ellos/-as/Uds.	van	fueron	iban	irán	vayan	

oír (hören)

	Presente	Pretérito indefinido	Pretérito imperfecto	Futuro simple	Imperativo	Partizip *gerundio*
yo	**oigo**	oí	oía	oiré		
tú	**oyes**	oíste	oías	oirás	**oye**	**oído**
él/ella/usted	**oye**	**oyó**	oía	oirá	**oiga**	
nosotros/-as	oímos	oímos	oíamos	oiremos		***oyendo***
vosotros/-as	oís	oísteis	oíais	oiréis	oíd	
ellos/-as/Uds.	**oyen**	**oyeron**	oían	oirán	**oigan**	

poder (können), Stammänderung (o>ue)

	Presente	Pretérito indefinido	Pretérito imperfecto	Futuro simple	Imperativo	Partizip *gerundio*
yo	**puedo**	**pude**	podía	**podré**		
tú	**puedes**	**pudiste**	podías	**podrás**	*nicht*	podido
él/ella/usted	**puede**	**pudo**	podía	**podrá**	*gebräuchlich*	
nosotros/-as	podemos	**pudimos**	podíamos	**podremos**		***pudiendo***
vosotros/-as	podéis	**pudisteis**	podíais	**podréis**		
ellos/-as/Uds.	**pueden**	**pudieron**	podían	**podrán**		

poner (setzen, stellen, legen)

	Presente	Pretérito indefinido	Pretérito imperfecto	Futuro simple	Imperativo	Partizip *gerundio*
yo	**pongo**	**puse**	ponía	**pondré**		
tú	pones	**pusiste**	ponías	**pondrás**	**pon**	**puesto**
él/ella/usted	pone	**puso**	ponía	**pondrá**	**ponga**	
nosotros/-as	ponemos	**pusimos**	poníamos	**pondremos**		*poniendo*
vosotros/-as	ponéis	**pusisteis**	poníais	**pondréis**	poned	
ellos/-as/Uds.	ponen	**pusieron**	ponían	**pondrán**	**pongan**	

querer (wollen, mögen), Stammänderung (e>ie)

	Presente	Pretérito indefinido	Pretérito imperfecto	Futuro simple	Imperativo	Partizip *gerundio*
yo	**quiero**	**quise**	quería	**querré**		
tú	**quieres**	**quisiste**	querías	**querrás**	*nicht*	querido
él/ella/usted	**quiere**	**quiso**	quería	**querrá**	*gebräuchlich*	
nosotros/-as	queremos	**quisimos**	queríamos	**querremos**		*queriendo*
vosotros/-as	queréis	**quisisteis**	queríais	**querréis**		
ellos/-as/Uds.	**quieren**	**quisieron**	querían	**querrán**		

saber (wissen)

	Presente	Pretérito indefinido	Pretérito imperfecto	Futuro simple	Imperativo	Partizip *gerundio*
yo	sé	supe	sabía	sabré		
tú	sabes	supiste	sabías	sabrás	sabe	sabido
él/ella/usted	sabe	supo	sabía	sabrá	sepa	
nosotros/-as	sabemos	supimos	sabíamos	sabremos		*sabiendo*
vosotros/-as	sabéis	supisteis	sabíais	sabréis	sabed	
ellos/-as/Uds.	saben	supieron	sabían	sabrán	sepan	

salir (weggehen, ausgehen)

	Presente	Pretérito indefinido	Pretérito imperfecto	Futuro simple	Imperativo	Partizip *gerundio*
yo	salgo	salí	salía	saldré		
tú	sales	saliste	salías	saldrás	sal	salido
él/ella/usted	sale	salió	salía	saldrá	salga	
nosotros/-as	salimos	salimos	salíamos	saldremos		*saliendo*
vosotros/-as	salís	salisteis	salíais	saldréis	salid	
ellos/-as/Uds.	salen	salieron	salían	saldrán	salgan	

ser (sein)

	Presente	Pretérito indefinido	Pretérito imperfecto	Futuro simple	Imperativo	Partizip *gerundio*
yo	soy	fui	era	seré		
tú	eres	fuiste	eras	serás	sé	sido
él/ella/usted	es	fue	era	será	sea	
nosotros/-as	somos	fuimos	éramos	seremos		*siendo*
vosotros/-as	sois	fuisteis	erais	seréis	sed	
ellos/-as/Uds.	son	fueron	eran	serán	sean	

tener (haben), Stammänderung (e>ie)

	Presente	Pretérito indefinido	Pretérito imperfecto	Futuro simple	Imperativo	Partizip *gerundio*
yo	tengo	tuve	tenía	tendré		
tú	tienes	tuviste	tenías	tendrás	ten	tenido
él/ella/usted	tiene	tuvo	tenía	tendrá	tenga	
nosotros/-as	tenemos	tuvimos	teníamos	tendremos		*teniendo*
vosotros/-as	tenéis	tuvisteis	teníais	tendréis	tened	
ellos/-as/Uds.	tienen	tuvieron	tenían	tendrán	tengan	

traer (bringen, mitbringen)

	Presente	Pretérito indefinido	Pretérito imperfecto	Futuro simple	Imperativo	Partizip *gerundio*
yo	traigo	traje	traía	traeré		
tú	traes	trajiste	traías	traerás	trae	traído
él/ella/usted	trae	trajo	traía	traerá	traiga	
nosotros/-as	traemos	trajimos	traíamos	traeremos		*trayendo*
vosotros/-as	traéis	trajisteis	traíais	traeréis	traed	
ellos/-as/Uds.	traen	trajeron	traían	traerán	traigan	

venir (kommen), Stammänderung (e>ie)

	Presente	Pretérito indefinido	Pretérito imperfecto	Futuro simple	Imperativo	Partizip *gerundio*
yo	vengo	vine	venía	vendré		
tú	vienes	viniste	venías	vendrás	ven	venido
él/ella/usted	viene	vino	venía	vendrá	venga	
nosotros/-as	venimos	vinimos	veníamos	vendremos		*viniendo*
vosotros/-as	venís	vinisteis	veníais	vendréis	venid	
ellos/-as/Uds.	vienen	vinieron	venían	vendrán	vengan	

ver (sehen)

	Presente	Pretérito indefinido	Pretérito imperfecto	Futuro simple	Imperativo	Partizip *gerundio*
yo	veo	vi	veía	veré		
tú	ves	viste	veías	verás	ve	visto
él/ella/usted	ve	vio	veía	verá	vea	
nosotros/-as	vemos	vimos	veíamos	veremos		*viendo*
vosotros/-as	veis	visteis	veíais	veréis	ved	
ellos/-as/Uds.	ven	vieron	veían	verán	vean	

Substantive

1 Geschlecht des Substantivs

Start

blau: el color, el paisaje, el trabajo, el libro, el señor
rot: la paella, la pasión, la emoción, la diversidad, la casa

Sehen

Endung auf -o: el trabajo, el libro
Endung auf -or und -aje: el color, el paisaje, el señor
Endung auf -a: la paella, la sangría, la casa
Endung auf -dad, -ción, -sión: la diversidad, la emoción, la pasión

Verstehen

-o, -a, männlich, weiblich

Anwenden 1

a. w b. m c. w d. m e. m f. w g. w h. m i. w j. w k. m l. w

Anwenden 2

1. c 2. e 3. b 4. a 5. d

Anwenden 3

a. recepcionista b. traductora c. cantante d. arquitecta e. informático

Anwenden 4

männlich: pollo, pescado, café, vino
weiblich: cerveza, tostada, tortilla, paella

2 Die Pluralbildung

Start

posibilidades, museos, teatros, plazas, jardines, bares, restaurantes, discotecas

Sehen

Singular: plaza, actriz
Plural: museos, restaurantes, bares

Verstehen

Vokal, discoteca**s**, Konsonant, posibilidad**es**, -z, actri**ces**

Anwenden 1

habitacion**es**, persona**s**, noche**s**, excursio**nes**, coche**s**, entrada**s**, reserva**s**, cielo**s**

Anwenden 2

a. Palacios b. Fuentes c. Puertas d. Templos e. Mercadillos f. Calles g. Estaciones h. Estadios i. Catedrales j. Barrios

Anwenden 3

apellido – apellidos, dirección – direcciones, teléfono – teléfonos, nacionalidad – nacionalidades, profesión – profesiones

3 Besonderheiten bei Geschlecht und Pluralbildung

Sehen / Verstehen

vacaciones, los camareros, mis primos, mi / mis cumpleaños

Anwenden 1

el: sistema, tema
la: hermana, gente
los: alrededores, idiomas
las: gafas, tijeras

Anwenden 2

a. los escritores b. las crisis c. los jóvenes d. los lunes e. los italianos f. los padres g. los taxistas

Anwenden 3

a. afueras b. El programa c. colombianos d. vendedores e. el

Artikel

4 Bestimmter Artikel

Start / Sehen

Singular: männlich: el, weiblich: la
Plural: männlich: los, weiblich: las

Verstehen

in Geschlecht und Zahl, 4

Anwenden 1

el: restaurante, hotel, concierto
la: biblioteca, farmacia, iglesia
los: monumentos, aeropuertos, parques
las: cervezas, avenidas, discotecas

Anwenden 2
el, el, los, de la, a los, de la, la, las

Anwenden 3
La, del, la, el, los, las, La, las, al

5 Unbestimmter Artikel

Start
unos aguacates, un tomate, una cebolla, un limón, unos chiles, unas tostaditas de maíz

Sehen
Singular: männlich: un, weiblich: una
Plural: männlich: unos, weiblich: unas

Verstehen
Geschlecht, Zahl, un, unos, una, unas

Anwenden 1
a. una b. unas c. unas d. un e. unos f. una g. una h. unas i. unas j. unas k. un l. un

Anwenden 2
a. Unos b. unas, una c. una d. un e. Una

Anwenden 3
a. un vino tinto b. unas cervezas c. un agua mineral d. un café con leche e. una sangría f. unos cócteles

6 Gebrauch der Artikel

Start
La, la, una

Sehen
–, otra, –, La, –, –, una

Verstehen
kein Artikel, der bestimmte Artikel, kein Artikel, una

Anwenden 1
a. los señores Ortega b. media jornada c. señora Jiménez d. El Sr. Sanz, la próxima semana e. las diez y media f. el señor Sarmiento g. Los señores Estrada

Anwenden 2
1. c. No, no tengo ~~una~~ televisión.
2. ¿Laura tiene ~~un~~ coche? – a.
3. ¿Quieres ~~una~~ otra botella de agua? – e. Sí, por favor, solo tengo ~~una~~ media botella.
4. b. No sé. Creo que es ~~un~~ ingeniero.
5. ¿Quieres ~~un~~ otro café? – d.

Anwenden 3
1. b 2. b 3. b 4. a 5. b 6. a

Adjektive

7 Formen und Angleichung

Start
cortos, informal, cómodas, negro, elegantes, blanca, azules, verde

Sehen
Singular: männlich: negro, verde
weiblich: blanca, informal
Plural: männlich: cortos, elegantes, azules
weiblich: cómodas

Verstehen
Substantiv, -a, in der männlichen und weiblichen Form, -s bzw. -es

Anwenden 1
un vestido: largo, amarillo, oscuro
una camiseta: bonita, roja, clásica
unos zapatos: feos, grises, marrones

Anwenden 2
a. modern**o** b. lind**as**, original**es** c. car**os** d. precios**a**, conservador**a**

Anwenden 3
diferentes, tímida, deportista, dinámico, tranquila, seria, amables, divertido, inteligente

8 Nationalitätsadjektive

Start
1. b 2. a 3. d 4. e 5. f 6. c

Sehen
männlich: italianos, franceses
weiblich: españolas
beides: belgas, canadienses, marroquíes

Verstehen
-o, -a, -es, -as, -es

Anwenden 1
a. polaca b. inglesa c. austríaca d. sueca e. alemana f. iraní

Anwenden 2
a. colombian**as**/rus**as** b. finlandes**es**/mexican**os** c. venezolan**os**/danes**es** d. chilen**as**/norueg**as**

Anwenden 3
argentina, irlandés, portugueses, suizo, griego, peruanos

★ 9 Steigerung und Vergleich

Start
la más pequeña, menos interesante que, más grande que, más pequeña que, la más grande

Sehen
a. más (grande) que b. menos (interesante) que c. la más d. la más

Verstehen
más / menos + Adjektiv + que,
Artikel + más/ menos + Adjektiv

Anwenden 1
tranquilos, aburridos, que, mayores, internacional, mejores, más

Anwenden 2
1. mejor – b 2. romántica – c 3. importantes – d 4. famoso – e 5. bonitas – a

Anwenden 3
a. más rica que, la más rica
b. más simpáticos que, los más simpáticos
c. más difícil que, el (idioma) más difícil

★ 10 Vergleiche bei Gleichheit

Start
tan bueno como; 90m², 2 dormitorios, 300 euros; 3 dormitorios, 100m², 300 euros; 2 dormitorios, 90 m², 500 euros

Sehen
a. V b. V

Verstehen
tan + Adjektiv + como

Anwenden 1
tan (grande) como, tan (barato) como, tan (bonito) como

Anwenden 2
a. El piso de Colón es tan céntrico como el piso de La Cruz. / El piso de La Cruz es tan céntrico como el piso de Colón.
b. El salón no es tan grande como los dormitorios.
c. La cocina es tan moderna como el baño.
d. Los baños no son tan luminosos como los dormitorios. / Los dormitorios no son tan luminosos como los banos.
e. El balcón es tan pequeño como la terraza.

Anwenden 3
a. tantos b. tan c. tanto d. tantas e. tan f. tantos g. tan

Adverbien

★ 11 Adverbien auf *-mente*

Start / Sehen
frecuentemente, regularmente, saludablemente, diariamente, positivamente

Verstehen
-e, Konsonant, general**mente**, weiblichen, perfect**a**, perfecta**mente**

Anwenden 1
a. lógicamente b. violentamente c. cómodamente d. lentamente e. rápidamente f. abiertamente / claramente g. claramente / abiertamente

Anwenden 2
rápidamente, lógicamente, violentamente, lentamente, cómodamente, abiertamente, claramente

Anwenden 3
a. caótica, caóticamente, tranquilo, amable
b. perfectamente, frecuentemente
c. buena, arrogante, malas, claramente

★ 12 *también* und *tampoco*

Start / Sehen

y Laura también, y a Laura también, yo tampoco, a mí tampoco

Verstehen

positive, negative

Anwenden 1

a. tampoco b. también c. tampoco d. también e. también

Anwenden 2

también, a mí también, él también, tampoco, a mí tampoco, también

Anwenden 3

también, También, También, tampoco, Tampoco, también

13 *muy* und *mucho*

Start

muy, mucho, muy, muy, mucho, mucho

Sehen

cansada, muy tranquila, muy probablemente

trabajado mucho, leer mucho, dormir mucho

Verstehen

Adjektiv, Adverb, Verb, unveränderlich

Anwenden 1

mucho, muy, muy, muy, muy, muy, mucho, mucho

Anwenden 2

Muy, muy, mucho, muy, muy, muy, muy, mucho, mucho, muy, mucho

Anwenden 3

mucho, muy bien, mucho, mucho, mucho, muy

Possessivbegleiter und -pronomen

14 Unbetonte Possessivbegleiter

Start

Nuestro, vuestro, Nuestra, Mis, tus, su, su, vuestros, Nuestros, sus, mi

Sehen

ein Besitztum: mi, su, nuestro, nuestra, vuestro, su

mehrere Besitztümer: mis, tus, nuestros, vuestros, sus

Verstehen

Zahl, mis, Geschlecht, nuestra, nuestras

Anwenden 1

b. mi c. nuestras d. vuestros e. tus f. su g. sus

Anwenden 2

Nuestra, Nuestros, nuestra, su, sus

Anwenden 3

a. marido b. hijos c. madre d. tías

★ 15 Betonte Possessivbegleiter und -pronomen

Start

mía, suyos, tuyo, vuestras, nuestro

Sehen

ein Besitztum: männlich: tuyo, nuestro, suyo

weiblich: mía, suya, vuestra

mehrere Besitztümer: männlich: míos, suyos, nuestros, suyos

weiblich: tuyas, vuestras

Verstehen

Geschlecht, Zahl, unbestimmtem

Anwenden 1

a. tuyo b. nuestro c. vuestra d. míos e. suyo

Anwenden 2

1. c 2. d 3. a 4. b

Anwenden 3

suyos, míos, sus, Mis, sus, Mis, míos

Demonstrativbegleiter und -pronomen

16 Demonstrativbegleiter und -pronomen

Start

grün: Esta, este, Aquella, estas

blau: ese, Aquella, esas, estos

Sehen

aquí: este, esta, estos, estas
ahí: ese, esas
allí: aquella

Verstehen

Zahl, Geschlecht, gleich, Nähe, 1. c 2. a 3. b

Anwenden 1

a. esta taza b. esos vasos c. aquellas lámparas d. ese frigorífico e. esa cafetera

Anwenden 2

a. copas b. cuadros c. vasos d. espejo e. nevera

Anwenden 3

esta, esas, esas, aquella, aquella, esta

Anwenden 4

estos, este, ese, esos, este, eso, ese

Indefinita

17 *poco, mucho, todo, cada (uno)*

Start / Sehen

Singular: cada, cada
Plural: männlich: muchos, pocos, otros, todos
weiblich: muchas, pocas, todas

Verstehen

Poco, mucho, otros, pocos, muchas, Todo, todos los, cada, cada

Anwenden 1

a. Muchas b. Otras c. Pocos d. Cada e. Todos los f. Pocos g. Muchos h. Otra

Anwenden 2

a. Mi marido hace la cena todos los días. / Mi marido todos los días hace la cena.
b. Salimos pocas veces con amigos.
c. Cada uno en la familia tiene tareas específicas. / Cada uno tiene tareas específicas en la familia.
d. No queremos otro trabajo en casa.
e. Muchas familias tienen una asistenta.

Anwenden 3

muchas, otro, poco, pocas, muchas, cada, Otros, Todos

★ 18 *alguno, ninguno, alguien, algo, nadie, nada*

Start

alguna, ninguna, Algunos, ningún, alguien, nadie, Alguno, algo, nada

Sehen

unbestimmte Begleiter: ningún, alguna, ninguna, algunos
unbestimmte Pronomen: alguno, alguien, algo, nadie, nada

Verstehen

in Zahl und Geschlecht, algunas, begleiten oder ersetzen, ninguno, algún, ningún, ningún, Personen, Sachen

Anwenden 1

algunos escritorios, algunas carpetas, ninguna mesa, ningún armario, alguna silla

Anwenden 2

Algunos, algunos, algún, ninguno, Algunas, nadie, ningún, nada

Anwenden 3

1. alguien / alguno – c 2. alguna – e
3. algunos – a 4. algunas – b 5. algo – d

Anwenden 4

a. Hoy no hemos hecho **ninguna** pausa.
b. El nuevo compañero **no** quiere hacer nada.
c. ¿Alguno **de** vosotros tiene tiempo para tomar un café?
d. **Nadie** quiere trabajar con Julián.
e. Mañana no va **nadie** a la oficina, todos van a la feria.
f. **No** escribimos ningún correo electrónico a los clientes.
g. ¿Necesitas **algún** armario para tu oficina?

Pronomen

19 Subjektpronomen

Start

yo, Tú, ella, Él, nosotras, vosotras, Ellos, Usted, ustedes

Sehen

Singular: yo, tú, él / ella, usted
Plural: nosotras, vosotras, ellos, ustedes

Verstehen

- Bei den Pluralformen gibt es männliche und weibliche Formen.
- Wenn man sich im Plural auf beide Geschlechter bezieht, wird die männliche Form verwendet.
- Für die höfliche Anrede „Sie" gibt es eine Singularform und eine Pluralform.

Anwenden 1

a. ellos b. ella c. nosotros d. ellas e. vosotros f. él g. él h. ellos

Anwenden 2

a. tú y Diego b. Luis y yo c. Juana María d. el profesor, el Sr. Flores, Juana María e. mis hermanas, Miguel y Tere

Anwenden 3

ella, él, ella, (ellos), vosotros, (nosotros), Yo, Ellas, (ellas)

20 Direkte Objektpronomen

Start

el vino – Lo, las cervezas – Las, la sangría – La, los zumos – Los, las botellas de agua – traer**las**, lo, te, me

Sehen

Singular: me, te, lo, la
Plural: los, las

Verstehen

Personen, lo, la, los, las, vor

Anwenden 1

a. el zumo b. las servilletas c. la tarta d. el jamón e. las patatas bravas f. los platos

Anwenden 2

a. la b. lo c. las d. os e. la f. lo g. Los

Anwenden 3

las, los, Las, la, Los, Te

Anwenden 4

a. nos b. la c. las d. te e. os f. me g. lo

★ 21 Indirekte Objektpronomen

Start

les, Les, le, les, A ella, le, me, os, A mí, me

Sehen

Unbetonte indirekte Objektpronomen:
Singular: me, le, le
Plural: os, les
Betonte indirekte Objektpronomen: a mí, a ella

Verstehen

gustar, parecer, vor, 3.,
1. und 2., a, A, A, A mí, A mí, nicht allein

Anwenden 1

le, le, les, nos, me

Anwenden 2

a. me gustan, a ti, me, te b. te, me c. Le, le d. les, A ellos les

Anwenden 3

1. c 2. d 3. a 4. f 5. b 6. g 7. e

Anwenden 4

te, Me, a ti, A mí, le, le, a ti, les, A mí no me, a ella le, a mí, me

★ 22 Kombination direkter und indirekter Objektpronomen

Start

los, los, te, los, la, Me, lo, le, Me, os, lo

Sehen

los, la, me, me lo, os lo

Verstehen

vor, los, vor

Anwenden 1

a. se las b. te lo c. nos la d. enviár**sela** e. me lo

Anwenden 2

a. **te la** recomiendo.
b. Felipe **nos la** ha dado.
c. **se lo** podemos regalar a Miriam,
d. ¿**me los** dejas, por favor?
e. **Se la** he enviado

Anwenden 3
a. Se la he comprado a mi madre.
b. Se lo he comprado a mi hijo.
c. Mis padres me los han comprado.
d. Ana nos las ha regalado.
e. Yo os los voy a regalar.
f. ¡Tú me lo has regalado!

Fragewörter

23 Unveränderliche Fragewörter

Start
De dónde, Dónde, Por qué, Desde cuándo, Qué, Cómo, Cuándo, A dónde, Para qué

Sehen
qué, por qué, para qué, cómo, dónde, de dónde, a dónde, cuándo, desde cuándo

Verstehen
Akzent, de, a, desde

Anwenden 1
a. dónde b. Cómo c. Desde cuándo d. Qué e. Por qué f. Cuándo g. Qué

Anwenden 2
Cómo, qué, dónde, Por qué, de dónde, cuándo

Anwenden 3
a. ¿Qué vas a hacer el domingo?
b. ¿Por qué no me escribes todos los días?
c. ¿A dónde vas todas las noches?
d. ¿Dónde viven tus amigos?
e. ¿Cómo está el tiempo en Madrid?

24 Veränderliche Fragewörter

Start
1. Quiénes – d 2. Cuál – b 3. Cuántas – f
4. Cuáles – a 5. Cuántos – e 6. Quién – c

Sehen
quién, quiénes, cuál, cuáles, cuántos, cuántas

Verstehen
quiénes, Quiénes, cuáles, Cuáles, Substantiv, Cuántas

Anwenden 1
1. Quiénes – b 2. Cuál – a 3. Cuántos – h
4. Cuánto – e 5. Quién – d 6. Cuáles – c
7. Cuántas – i

Anwenden 2
a. Qué b. Cuál c. cuáles d. qué e. Qué f. cuál

Anwenden 3
a. ¿Cuánto cuesta?
b. ¿Cuántas noches?
c. ¿Qué incluye?
d. ¿Qué tipo de alojamiento?
e. ¿Y tú qué prefieres?
f. ¿Cuál te gusta más?
g. ¿Quién hace las reservas?

Verben: Gegenwart

25 Die regelmäßigen Verben auf *-ar*, *-er* und *-ir*

Start / Sehen
trabajar: trabajo, trabaja, trabajamos
aprender: aprendo, aprendes, aprenden
escribir: Escribimos, escribís

Verstehen
trabajar, aprender, escribir, vosotros, -o

Anwenden 1
Verben auf -ar: viajamos (nosotros/-as), desayuno (yo), toman (ellos/-as/Uds.), ayudáis (vosotros/-as), planeamos (nosotros/-as)
Verben auf -er: vendes (tú), comprende (él/ella/Ud.), como (yo), escoge (él/ella/Ud.), convencen (ellos/-as/Uds.)
Verben auf -ir: abres (tú), recibís (vosotros/-as), vivimos (nosotros/-as), decido (yo), suben (ellos/-as/Uds.)

Anwenden 2
estudias, estudio, aprendo, lees, leo, Viajas, viajo, organizamos, Hablas, usan, escriben, envían, hablo

Anwenden 3
viven, cocina, escuchan, corre, leo, Compras, Fumas

Anwenden 4
a. abrir b. viajas c. canta d. bebo e. busca f. fumar g. corres h. comen

26 Verben mit Änderungen im Stammvokal

Start
quieres, Quiero, quiero volver, quieres volver, quieres, pedir, pides, pido, vuelvo, volvemos, pedimos, quieren

Sehen
querer: quiero, quieres, quieren
volver: vuelvo, volvemos
pedir: pido, pides, pedimos

Verstehen
ie, ue, i, nosotros und vosotros

Anwenden 1
Gruppe e → ie: cerrar, empezar, preferir, pensar, recomendar
Gruppe o → ue: almorzar, contar, dormir, encontrar, poder
Gruppe e → i: repetir, seguir, elegir, servir, corregir

Anwenden 2
prefieres, recomiendo, encuentras, eliges, puedes, pienso

Anwenden 3
a. jugamos, juego, elige, prefiere
b. recomiendas, podéis, sirve, pienso

27 Verben mit unregelmäßiger 1. Person (und Vokalwechsel)

Start / Sehen
hacer: hago, hacemos
tener: tengo, tiene, tenemos
decir: digo, dice, dicen
conocer: Conozco
oír: oímos

Verstehen
hacer, conocer, tener, decir, oír

Anwenden 1
1. veo 2. hago 3. ofrezco 4. traigo 5. sé 6. pongo 7. salgo 8. doy

Anwenden 2
a. decís b. trae c. venimos d. pongo e. doy f. sales g. hago h. conduce

Anwenden 3
a. sabes, vienen, sé
b. dice, conoces, conozco
c. ponen, pongo, sale
d. veis, vemos, tenemos

28 Weitere wichtige unregelmäßige Verben

Start
He, están, es, es, es, son, está, voy, estoy, estás, vamos, Está

Sehen
ser: es, son
estar: estás, está, están
ir: voy, vamos
haber: he

Verstehen
eres, es, 2. und 3., v, He

Anwenden 1
1. son – d. Son 2. están – f. 3. está – a. va 4. vais – e. 5. estamos – b. 6. eres – c. soy

Anwenden 2

			1. h	a	n		
			2. e	r	e	s	
		3. v	a	m	o	s	
	4. e	s	t	a	m	o	s
			5. i	r			
6. e	s	t	á	i	s		
			7. s	o	i	s	

En su despacho Víctor necesita un **armario**.

Anwenden 3
es, estoy, está, es, son, vamos, está, van, es, estás, vamos

★ 29 Die Verwendung von *ser*, *estar* und *hay*

Start
hay: hay, hay, Hay, hay
ser: Es, es, es, Es, es, son
estar: estoy, está, estás, está, estoy, está

Sehen
Sätze mit **hay:** hay, hay, hay, hay
Sätze mit **ser:** es, es, es, es, Son
Sätze mit **estar:** está, está, Estoy, está, Estoy

Verstehen
hay, estar, ser, es, es, estar, Estoy, ser, Son

Anwenden 1
1. a, c 2. b, c 3. b, c 4. a, b

Anwenden 2
a. es, Está, hay, hay, está b. es, es
c. es d. son, es, hay

Anwenden 3
está, Soy, estoy, Es, está, Está, son, hay, hay

Anwenden 4
a. están b. es c. es d. estáis e. es f. estoy
g. estamos h. estás

30 Reflexive Verben

Start
me levanto, me preparo, se levanta, se ducha, se levantan, ducharse, Se preparan, se van, nos levantamos

Sehen
Reflexivpronomen: me, se, nos, se
Verb: levanto, levanta, levantamos, levantan

Verstehen
vor, me, den Infinitiv, ducharse, se, vor

Anwenden 1
a. Vosotros os encontráis con vuestros amigos.
b. Ella se concentra en el trabajo.
c. Tú te relajas en la sauna.
d. Yo me despierto a las 6 de la mañana.
e. Nosotros nos acostamos a las 11 de la noche.
f. Ellos se visten para ir al colegio.

Anwenden 2
a. 3 – hace b. 7 – se acuesta c. 4 – se reúne
d. 1 – se va e. 6 – se relaja f. 2 – lee, contesta
g. 5 – Regresa

Anwenden 3
a. ¿Tú te aburres en las clases de matemáticas?
b. Mañana no quiero levantarme temprano.
c. Marcia no se viste rápidamente.
d. Los domingos nosotros nos quedamos en casa.
e. Chicos, ¿os laváis las manos antes de comer, por favor?
f. El fin de semana mi marido y yo nos despertamos tarde.
g. A Óscar le gusta reunirse con sus amigos.
h. Amelia se prepara para correr una maratón.

31 Modalverben

Start
Quiere, tiene que, sabe, quiere, Sabe, puede

Sehen
¿Quiere aprender...?, ¿Tiene que aprender...?, ¿Sabe francés?, ¿Sabe usar...?, ¡Usted puede aprender...!

Verstehen
Wunsch, Verpflichtung, Fähigkeit, Wissen, Möglichkeit

Anwenden 1
a. Quieres, tengo que
b. Quiero, sabes
c. Puedes, puedo, tengo que
d. sabes, sé, quiero
e. puedo, tengo que

Anwenden 2
sé, puedo, tienes que, puedes, puedo, sé, sabes, quieres, tengo que

Anwenden 3
a. ¿Sabéis dónde está la información sobre los cursos?
b. Hoy no puedo conectarme por internet.
c. Isabel quiere hablar con su tándem todos los días.
d. El tutor puede contestar todas mis preguntas en español.
e. Tenemos que ver la introducción al curso por internet.

32 Unpersönliche Verbkonstruktionen

Start / Sehen

se vive, Se pueden hacer, se puede descansar, se beben, se come, Hay que visitar

Verstehen

richtig, falsch, richtig, richtig, richtig

Anwenden 1

a. casa en la playa
b. apartamentos amueblados
c. computadoras y celulares
d. excursiones al Arenal
e. cocinero para restaurante

Anwenden 2

a. se producen b. se come c. Se hablan d. se ofrecen e. Se pueden f. reservar g. nieva, llueve h. se usa

Anwenden 3

a. ¿Se puede bucear en Costa Rica?
b. Hay que comprar café.
c. No se puede fumar en restaurantes.
d. ¿No hay que solicitar un visado?
e. ¿Hace calor en San José?
f. No se bebe mucho vino.

Verben: Vergangenheit

33 *Pretérito perfecto*

Start / Sehen

regelmäßige Partizipien: han sido, he trabajado, me he levantado, he viajado, he aprendido, ha sido, ha sido, hemos salido, hemos ido, he tenido
unregelmäßige: hemos hecho, hemos visto, he hecho

Verstehen

-ado, -ido, hecho, unveränderlich

Anwenden 1

a. escribir b. romper c. ver d. decir e. abrir f. poner

Anwenden 2

he hecho, ha contado, he conocido, hemos comido, hemos visitado, he vuelto, habéis hecho

Anwenden 3

a. habéis bebido b. ha perdido c. has ido d. han probado e. no te has puesto f. no ha comprado g. ha dicho, no he escuchado h. han estado i. ha visto

34 *Pretérito indefinido*

Start / Sehen

trabajar: trabajé, trabajamos
aprender: aprendí, aprendiste, aprendió
escribir: escribí
ser: fue, fuimos
tener: tuve, tuvimos
hacer: hice, hicimos

Verstehen

Regelmäßige Verben: Verbstamm, Akzent, -ar und -ir
Unregelmäßige Verben: ser, ir, Endungen

Anwenden 1

a. comieron b. tuvisteis c. hiciste d. entendió e. estuve f. estudió g. viajamos h. vinieron i. tomaste j. entendí k. quisiste l. fue m. bailasteis n. hablé o. pusieron p. bebimos q. pusimos r. vivisteis

Anwenden 2

yo: estuve, entendí, hablé
tú: hiciste, tomaste, quisiste
él/ella/usted: entendió, estudió, fue
nosotros/-as: viajamos, bebimos, pusimos
vosotros/-as: tuvisteis, bailasteis, vivisteis
ellos/ellas/ustedes: comieron, vinieron, pusieron

Anwenden 3

a. hiciste, Estuve b. viajamos c. comieron d. bailasteis e. estudió f. conoció

★ 35 *Pretérito imperfecto*

Start
escuchabas, escuchábamos, escuchaba, Tenía, Tenías, veías, veíamos, hacías, íbamos, había, iba

Sehen
escuchar: escuchaba, escuchabas, escuchábamos
tener: tenía, tenías
salir: salía
ser: era, eran
ir: iba, íbamos
ver: veías, veíamos

Verstehen
Verbstamm, -ar, -er und -ir,
1. und 3. Person, ser, ir und ver

Anwenden 1
a. era, tenía b. me gustaba c. teníamos d. eran e. escuchaba f. no había

Anwenden 2
1. hablabas – a. existía
2. comíais – d. gustaban
3. tenían – c. usaban
4. aprendían – b. estudiábamos

Anwenden 3
a. viajaban, iban, gustaban
b. era, vivía, estudiaba, hacían, podía
c. trabajaba, Ganaba, tenía

★ 36 Gegenüberstellung der Vergangenheitszeiten

Start
Perfecto: He estado, han cambiado, ha cambiado
Indefinido: Fui, me enamoré, viajé
Imperfecto: tenía, había, era

Sehen
Perfecto: muchas veces, He estado, han cambiado
Indefinido: el año pasado, viajé, Fui
Imperfecto: en esa época, había, era

Verstehen
perfecto, indefinido, en,
imperfecto, niño, joven, 17 años,
indefinido, imperfecto, perfecto

Anwenden 1
a. este año b. el verano pasado c. alguna vez d. De niña e. antes f. de 2002 a 2010

Anwenden 2
a. compraste, fui, pasamos, comimos
b. fue, hemos visitado, reservamos
c. he hecho, hicimos, caminé

Anwenden 3
a. era, iba, tenía, hice, viajé, Fue b. iban, gustaba, hicieron, fueron

Anwenden 4
b. no hicimos la excursión, hacía mucho calor, fuimos a la playa
c. han ido al Museo Botero, había mucha gente, no han entrado
d. alquiló una moto, fue en la moto, tuvo un accidente

Verben: weitere Zeiten und Modi

37 Die nahe Zukunft mit *ir a* + Infinitiv

Start / Sehen
voy a levantarme, voy a salir, voy a ir, vamos a ver, no vamos a hacer

Verstehen
Präsens, Infinitiv, levantarme

Anwenden 1
1. b 2. d 3. c 4. f 5. a 6. e

Anwenden 2
vais a hacer, voy a dormir, vamos a ver, van a venir

Anwenden 3
a. Voy a hacer deporte en el gimnasio.
b. Porque va a visitar a su madre.
c. Vamos a estudiar en la biblioteca.
d. Vamos a tomar una cerveza juntos.
e. Va a celebrar su cumpleaños en un bar.

★ 38 Das *futuro simple*

Start / Sehen
subirá, tendrá, hablará, volverán

Verstehen
Infinitiv, die gleichen Endungen, tendrá, nosotros, fin de semana, año, einen eigenen Futur-Stamm

Anwenden 1
regelmäßig: aprenderé, estarás, dará, comeremos, iréis, cambiarán
unregelmäßig: diré, saldrás, hará, podremos, pondréis, vendrán

Anwenden 2
a. cambiarán b. dará c. hará d. vendrán e. podremos f. diré g. comeremos

Anwenden 3
hará oder harás, continuaremos, haré, pasaré, será, estará, habrá, ayudará

★ 39 Der Imperativ

Start
Empieza, Haz, Corre, Sal, Duerme, Toma, Escribe, Sé

Sehen
regelmäßig: (tú) toma, corre, escribe
mit Vokalwechsel: (tú) empieza, duerme
unregelmäßig: (tú) sé, haz, sal

Verstehen
ohne -s, -d, -e, -a, -n

Anwenden 1
b. ¡Piense positivamente!
c. ¡Consultad con un experto!
d. ¡Empiecen el programa!
e. ¡Lleve una botella de agua!
f. ¡Practiquen los ejercicios!
g. ¡Ven al entrenamiento!

Anwenden 2
Combina, Corre, nada, ve, Haz, practica, escribe, sigue, Busca

Anwenden 3
coma, Beba, Vea, Haga, descanse, salga, vuelva

Anwenden 4
a. Diga b. Oye c. cuenta, cuenta d. pase, pase e. Venga

★ 40 Der Imperativ mit Pronomen

Start / Sehen
Relájate, relajaos, envíamelas

Verstehen
angehängt, d, vor, envía**melas**

Anwenden 1
1. d 2. e 3. b 4. a 5. c

Anwenden 2
dime, Cómpralas, ve, pruébatelas, compra, úsalo, llámame

Anwenden 3
b. Levántate temprano.
c. Apuntaos a un gimnasio.
d. Póngaselo.
e. Bébanlas.
f. Tómatelo.
g. Duchaos con agua fría.
h. Cámbiela.
i. Prepárense correctamente.

Anwenden 4
Senkrecht: a. cómprala f. tómalas
Waagrecht: b. ponla c. bébalo d. hacedlas e. véanlo g. ciérrela

Verbale Konstruktionen

★ 41 Verb + *gerundio*

Start / Sehen
está haciendo, sigue haciendo, lleva ocho días bebiendo

Verstehen
-iendo, estar, seguir, estar, seguir, llevar

Anwenden 1
a. estoy empezando b. yendo c. sigue durmiendo d. lleva una semana bebiendo e. están alimentándose f. siguen comiendo g. seguís leyendo

Anwenden 2
estoy leyendo, estamos cambiando, Estamos comiendo, estoy haciendo, estoy aprendiendo, está enseñando

Anwenden 3
a. sigo siendo b. estáis comiendo, estamos esperando c. sigue cocinando, lleva tres meses haciendo d. sigue viviendo, está viviendo, Está haciendo

★ 42 Verb + Infinitiv

Start
Has empezado a hacer, tengo que hacer, vuelvo a, Hay que moverse, He dejado de ir, Acabo de comprar

Sehen
has empezado a hacer, vuelvo a bailar, he dejado de ir, acabo de comprar

Verstehen
Beginn, Wiederholung, Beendigung, soeben

Anwenden 1
1. e 2. g 3. a 4. b 5. c 6. d 7. f

Anwenden 2
has dejado de hacer, he empezado a practicar, he vuelto a hacer, acabo de apuntarme, volvemos a hacer

Anwenden 3
acaba de presentar, ha empezado a vender, vuelve/ha vuelto a ofrecer, ha dejado de usar

★ 43 *estar* + Partizip

Start / Sehen
están diseñados, está equipada, está pensado, están hechas

Verstehen
das Ergebnis, Adjektiv, in Zahl und Geschlecht, veränderlich

Anwenden 1
a. desilusionadas b. inspiradas c. arreglado d. apagado e. cortada f. abierto g. comprado

Anwenden 2
a. cocinado b. traducidas f. empezado g. incluidos

Anwenden 3
está puesta, está preparado, están dobladas, está servido, está cocinada, está hecho, estás estresado

Präpositionen

44 Ortsangaben

Start
a, A, a, de, a, para, en, en, en, al lado de, cerca del, de

Sehen
a, a, a, en, en, de, al lado de, cerca del

Verstehen
der Richtung, des Ortes

Anwenden 1
a. entre b. encima c. a la izquierda d. debajo e. a la derecha f. dentro

Anwenden 2
a. al, en b. en, a c. a, en, a d. en, al e. a, en

Anwenden 3
a. delante del b. entre c. enfrente de la d. cerca de e. sobre

45 Zeitangaben

Start
desde 2015, a los 20 años, hace diez años, de 2013 a 2015, desde hace 7 años, en marzo del año pasado, hasta diciembre, 10 de mayo, a las 11:30 de la mañana

Sehen
a, de, de, en, a, de ... a, hasta, hace, desde, desde hace

Verstehen
a, de, en, En, en, hace, desde, desde hace

Anwenden 1
en, del, en, en, el, de, hasta, Del, al, en, en, el, a, de

Anwenden 2
desde, Desde hace, hace, desde hace, desde hace, hace

Anwenden 3
1. b – Después de 2. e – A, de 3. a – Desde hace 4. d – En 5. c – De, a 6. f – hace

46 Art & Weise und weitere Verwendungen

Start
a, de, con, a, con, en, a, de, A, de, sin, de, de, a, al, en, con

Sehen
con, en, a, a, de, de, de, de, en, con, sin

Verstehen
a, en, de, de, con, sin

Anwenden 1
a. de b. de c. sin d. de e. de f. del g. conmigo h. de i. a

Anwenden 2
a. a, en, de, con, de b. de, sin, con c. de, de, sin, con

Anwenden 3
de, con, de, en, en, de, en, del, con, de, sin

★ 47 *por* und *para*

Start / Sehen
por: por, por, por, por
para: para, para, Para, Para

Verstehen
por, por, para, por, para, por, para

Anwenden 1
a. Para, por b. por, por c. por, Para d. Para, para, para e. por f. para, para

Anwenden 2
para, Para, para, para, para, por, por, para, Para

Anwenden 3
He caminado ~~para~~ (por) lugares, –, hablo inglés ~~por~~ (para) comunicarme, Duermo en albergues ~~por~~ (para) peregrinos, –, –, a dormir ~~por~~ (para) descansar, ~~para~~ (por) la mañana

Anwenden 4
a. para ti b. por ti c. por d. para, para

Satzbau

48 Verneinung

Start / Sehen
No, no es verdad.
No hacen **nada** para otras personas.
No han tenido **ningún** jefe.
Nunca han tenido un contrato.
Nadie les paga un sueldo.

Verstehen
vor, nein, nicht, Nadie, nach, No, Nunca

Anwenden 1
no, No, nadie, no, No, nada, No, no, nunca, No, no, No, nada

Anwenden 2
a. No, ahora no exportamos nada, vendemos solo en España.
b. No me ha ayudado nadie.
c. No, no fabricamos en Asia, fabricamos solo en España.
d. Ninguno. Todos los materiales son españoles.
e. No, no descanso nunca. Trabajo todos los días.

Anwenden 3
b. Hoy no he hecho nada, solamente he descansado.
c. No me ha llamado nadie de la oficina.
d. No he leído ningún correo electrónico del trabajo.
e. No he trabajado y tampoco he pensado en el trabajo.

49 Bindewörter

Start

o, que, porque, pero, Como, pero, en cambio, y, que, por eso, sino

Sehen

y, o, que, porque, pero, como, en cambio, por eso, sino

Verstehen

Nebensätze, kein Komma, que, den Grund, einen Gegensatz, einen Gegensatz, eine Folge, ein Komma

Anwenden 1

porque, pero, pero, y por eso, que, e, o, Como, y

Anwenden 2

1. a 2. d 3. f 4. e 5. b 6. c

Anwenden 3

a. Como b. pero c. porque d. que e. y f. en cambio g. por eso h. u

50 Relativsätze mit *que* und *donde*

Start / Sehen

donde – wo, que – den, que – die, que – die

Verstehen

unveränderlich, que, Personen, que, donde

Anwenden 1

b. donde juega el Real Madrid.
c. que ha jugado en Estados Unidos.
d. donde está el Museo del Prado.
d. que se come fría.
e. que está en Andalucía.
f. que tiene un puerto muy bonito.

Anwenden 2

a. que está en Chile. b. donde hay c. que tiene d. donde se observan e. donde se esquía

Anwenden 3

donde, donde, que, que, que, donde

51 Objektangabe

Start / Sehen

direktes Objekt: todos los monumentos de la ciudad, a mi amiga Amaia, regalos

indirektes Objekt: a Eli, a la familia y los amigos

Verstehen

ohne, Personen, immer

Anwenden 1

a. –, a b. –, – c. – d. a e. a f. A g. a

Anwenden 2

a. A nuestros padres les hemos traído un jamón serrano.
b. El aceite de oliva lo hemos comprado para Malena.
c. A Miguel le hemos regalado un libro del Museo Picasso.
d. No, el vino lo he comprado para Brenda.
e. A ti te he traído unas almendras tostadas.

Anwenden 3

a. José le escribe una postal **a su padre**.
b. En el periódico hay un anuncio: Restaurante **busca cocinero**.
c. ¿Has visto a Raquel? **La estoy** buscando.
d. Emilio no comprende **a Jimena**, es una persona muy complicada.
e. La música me gusta **escucharla** con auriculares.
f. ¡Ahora comprendo **toda la** gramática del español!

Register

Die Zahlen sind Kapitelangaben.

A
a 44-46
Adjektive 7-10
Adverbien 11-13
algo 18
alguien 18
alguno 18
Angleichung der Adjektive 7
Artikel 4-6
Aussagesatz 48-51

B
Befehlsform → Imperativ
Begleiter → Artikel
Besitz → Possessiva
bestimmter Artikel 4, 6
betonte Pronomen 15, 21
Bindewörter 49

C / D
cada 17
con 46
de 44-46
Demonstrativa 16
direkte Objektpronomen 20, 22
donde 50
doppelte Verneinung 48

E
Einzahl und Mehrzahl 2
en 44-46
estar 28, 29, 34, 41, 43

F
Fragesatz 48
Fragewörter 23, 24
Fürwörter → Pronomen
futuro simple 38

G
Gegenwart 25-32
Genus → Geschlecht
gerundio 41
Geschlecht 1, 3
Grundform → Infinitiv

H / I
hay 29, 32, 35, 38
Hilfsverben 28, 33, 37, 41-43
Imperativ 39-40
imperfecto → *pretérito imperfecto*
Imperfekt → *pretérito imperfecto*
indefinido → *pretérito indefinido*
Indefinita 17, 18
indirekte Objektpronomen 21, 22
Infinitiv 25-31, 42
Interrogativa → Fragewörter
ir a + Infinitiv → nahe Zukunft

K / L / M
Komparativ → Vergleiche
Mehrzahl → Pluralformen
Modalverben 31
muy und *mucho* 13
mucho 13, 17

N / O
nada 18
nadie 18
nahe Zukunft 37
Nationalitätsadjektive 8
ninguno 18
Nomen → Substantive
Objekte 51
Objektpronomen 20-22
Ortsangaben 44

P
Partizip Perfekt 33, 43
para 47
perfecto → *pretérito perfecto*
Perfekt → *pretérito perfecto*
Personalpronomen → Subjektpronomen
Pluralbildung 2-3
Possessiva 14-15
poco 17
poder 31
por 47
por und *para* 47
Präpositionen 44-47
Präsens → Gegenwart
pretérito imperfecto 35, 36
pretérito indefinido 34, 36
pretérito perfecto 33, 36
Pronomen 19-22, 40

Q / R

que 50
querer 31
reflexive Verben 30
Reflexivpronomen 30
Relativsatz 50

S

saber 31
Satzbau 48-51
se + 3. Person 32
ser 28-29
ser und *estar* 29
Steigerung des Adjektivs 9
Subjektpronomen 19
Substantive 1-3
Superlativ 9

T

también und *tampoco* 12
tener que 31
todo 17

U

unbestimmter Artikel 5, 6
unbetonte Pronomen 15, 21
unpersönliche Konstruktionen 32
unregelmäßige Verben 26-28

V / W

verbale Konstruktionen 41-43
Verben 25-43
Verben auf *-ar, -er, -ir* 25-27
Vergangenheitszeiten 33-36
Vergleiche 9, 10
Verneinung 48

X / Y / Z

Zeitangaben 45
Zukunft → *futuro simple*

Quellenverzeichnis

Titel und Rücktitel: © Thinkstock/iStock/joannatkaczuk

S. 7: © fotolia/anshuca
S. 8: © Thinkstock/iStock/veronicagomepola
S. 9: © Thinkstock/Stockbyte/George Doyle
S. 10: © fotolia/Alfonso de Tomás
S. 11: von oben © Getty Images/iStock/fotoVoyager, © Getty Images/iStock/vwalakte
S. 12: © Getty Images/iStock/OcusFocus, Smiley © Getty Images/iStock/Pingebat
S. 14: © Getty Images/iStock/OcusFocus
S. 15: © Getty Images/iStock/DMEPhotography
S. 17: © Thinkstock/iStock/bit245
S. 18: © fotolia/L. Shat
S. 19: © Getty Images/E+/xavierarnau
S. 20: © Getty Images/iStock/Hi-Photo
S. 23: © Thinkstock/iStock/JPWALLET
S. 24: © Getty Images/E+/kupicoo
S. 26: © Thinkstock/Hemera
S. 27: © magdal3na – stock.adobe.com
S. 28: von links © Getty Images/iStock/progat, © fotolia/jkraft5
S. 30: © fotolia/dima_sidelnikov
S. 31: von links © Getty Images/iStock/hanohiki, © iStock/zveiger alexandre, © Getty Images/iStock/PaulVinten
S. 32: © Getty Images/Photodisc/Rayes
S. 33: © Getty Images/E+/kali9
S. 34: © irisblende.de
S. 36: © Thinkstock/iStockphoto
S. 37: Smileys © Getty Images/iStock/Pingebat
S. 38: © Thinkstock/iStock/Ridofranz
S. 39: von oben © aharond – stock.adobe.com, © fotolia/peffan, Smiley © Getty Images/iStock/Pingebat
S. 41: von links © Getty Images/E+/najin, © Getty Images/iStock/CaptureLight, Smiley © Getty Images/iStock/Pingebat
S. 42: © Getty Images/Vetta/Image Source
S. 43: © Getty Images/iStock/JackF
S. 45: © Detailfoto – stock.adobe.com
S. 46: © Getty Images/Vetta/SelectStock
S. 48: © Thinkstock/Stockbyte
S. 49: © Thinkstock/iStock/joesive47, Illustrationen: Mascha Greune, München
S. 51: © Getty Images/E+/bluestocking
S. 52: © Getty Images/E+/andresr
S. 53: © Thinkstock/iStock/Juri Pozzi
S. 54: © Getty Images/E+/webphotographeer
S. 55: © Thinkstock/iStock/Maya23K
S. 58: © Getty Images/E+/eclipse_images
S. 60: © Thinkstock/iStock/Rawpixel
S. 62: © Getty Images/E+/Steve Debenport
S. 63: © Thinkstock/iStock/neirfy
S. 64: © Thinkstock/Hemera/Antonio Muñoz palomares
S. 65: © Monkey Business – stock.adobe.com
S. 66: © Thinkstock/iStock/MariuszBlach
S. 68: © Thinkstock/iStock/JackF
S. 69: © Thinkstock/iStock/Urs Siedentop
S. 70: © iStock/canismaior
S. 72: © iStock/canismaior
S. 73: © Thinkstock/iStock/imagehub88
S. 76: © Thinkstock/iStock/Juanmonino
S. 79: von oben © Getty Images/iStock/cinoby, © fotolia/Claudia Paulussen
S. 81: © iStock/tetmc
S. 83: © Getty Images/E+/svetikd
S. 84: © Getty Images/iStock/audioundwerbung
S. 85: Smileys © Getty Images/iStock/Pingebat
S. 86: © Getty Images/E+/izusek
S. 88: © Getty Images/E+/PeopleImages
S. 90: © Getty Images/iStock/djiledesign
S. 91: © Getty Images/iStock/AntonioGuillem
S. 92: © Getty Images/iStock/AntonioGuillem
S. 93: © Getty Images/iStock/Sashkinw
S. 94: © Thinkstock/iStock/JackF
S. 96: © Thinkstock/iStock/tella_db
S. 100: © Getty Images/Pixland/Jupiterimages
S. 101: © Getty Images/iStock/Dangubic
S. 103: © Getty Images/E+/kupicoo
S. 105: © Thinkstock/iStock/chriss73
S. 107: © Thinkstock/iStock/superoke
S. 108: von oben © Getty Images/iStock/m-image-photography, © Getty Images/E+/Xavier Arnau
S. 110: © Getty Images/iStock/JPosvancz
S. 111: © orchidflower – stock.adobe.com
S. 112: © Thinkstock/iStock/scanrail
S. 115: © Getty Images/E+/piola666
S. 116: © Getty Images/Vetta/RyanJLane
S. 118: © iStockphoto/filonmar
S. 119: © Thinkstock/iStock/kemaltaner, Smiley © Getty Images/iStock/Pingebat
S. 121: © Getty Images/iStock/Anton Snarikov
S. 124: © fotolia/AntonioDiaz
S. 125: © Getty Images/iStock/Wavebreakmedia, Smiley © Getty Images/iStock/Pingebat, Ball © Thinkstock/iStock/kanate, Bierkrüge © fotolia/sharpnose, Hand © Thinkstock/iStock/ikoplov
S. 127: von oben © MEV, © Getty Images/E+/urbancow
S. 129: © Getty Images/iStock/LightFieldStudios
S. 130: © Getty Images/iStock/Pavel1964
S. 132: © Thinkstock/iStock/ladi59
S. 134: von oben © PantherMedia/Yuri Arcurs, © Getty Images/iStock/djiledesign
S. 135: © Getty Images/iStock/Rocky89
S. 136: © Iakov Filimonov – stock.adobe.com
S. 138: © Getty Images/iStock/nensuria
S. 140: © Thinkstock/iStock/Elena_Danileiko
S. 141: © Thinkstock/Stockbyte
S. 143: von oben: © Thinkstock/iStock/EpicStockMedia, © Thinkstock/iStockphoto
S. 144: © Thinkstock/iStock/dolgachov
S. 146: © PantherMedia/Ingram Vitantonio Cicorella
S. 147: © unverdorbenjr – stock.adobe.com
S. 149: Illustrationen: Gisela Specht, Weßling, Bild © Thinkstock/iStock/frankix
S. 153: © rh2010 – stock.adobe.com
S. 154: © Getty Images/iStock/jacoblund
S. 156: von oben © Getty Images/iStock/JolieSh, © Getty Images/iStock/bonchan
S. 158: © fotolia/ramonespelt
S. 160: © Thinkstock/iStock Editorial/ Bepsimage
S. 161: © Getty Images/iStock/andreusK
S. 163: © iStock/skynesher
S. 164: © Thinkstock/iStock/zhaubasar
S. 165: © Getty Images/iStock/monkeybusinessimages
S. 166: © Getty Images/iStock/Kalinda7
S. 168: © Getty Images/iStock/VitalyEdush,
S. 169: von oben © Thinkstock/iStock/Niklebedev51, © Getty Images/E+/amriphoto
S. 170: von oben © Getty Images/iStock/traumschoen, © Getty Images/iStock/MasterLu
S. 171: © jmboix – stock.adobe.com
S. 172: © Thinkstock/iStock/DC_Colombia
S. 173: von oben: © Getty Images/iStock/millerv, © Thinkstock/iStock/Sean Pavone, Smiley © Getty Images/iStock/Pingebat
S. 174: Smiley © Getty Images/iStock/Pingebat
S. 175: von oben © Thinkstock/iStock/nito100, © Getty Images/iStock/Lena_Zajchikova

Bildredaktion: Valeria Vairo, Hueber Verlag, München